EL ARTE TIBETANO DE LA SERENIDAD

Christopher Hansard

El arte tibetano
de la serenidad

Cómo superar el miedo
y alcanzar la plenitud

EDICIONES URANO
Argentina - Chile - Colombia - España
Estados Unidos - México - Uruguay - Venezuela

Título original: *The Tibetan Art of Serenity*
Editor original: Hodder & Stoughton Limited, Londres
Traducción: Núria Martí Pérez

Copyright © 2006 by Christopher Hansard
First published in the English language by 'Hodder and Stoughton Limited'.
All Rights Reserved
© 2007 de la traducción *by* Núria Martí Pérez
© 2007 *by* Ediciones Urano, S. A.
Aribau, 142, pral. - 08036 Barcelona
www.edicionesurano.com
www.mundourano.com

ISBN: 978-84-7953-646-6
Depósito legal: NA. 1.471 - 2007

Fotocomposición: Ediciones Urano, S. A.
Impreso por Rodesa S.A. – Polígono Industrial San Miguel
Parcelas E7-E8 – 31132 Villatuerta (Navarra)

Impreso en España - *Printed in Spain*

Al viaje de mi vida

Deseo dar las gracias a Caro Handley, Rowena Webb, Jacqui Lewis, Helen Coyle y a mi agente Kay McCauley por la ayuda y los consejos que me han brindado.

Índice

Introducción

El miedo es algo que todos tenemos en común. Cada uno de nosotros, independientemente de nuestra raza o nuestro credo, conocemos la ansiedad, la sensación de aprensión y el pánico que produce el miedo. Y, sin embargo, paradójicamente, pese a la universalidad del miedo, cuando estamos asustados nos sentimos aislados y solos, como si nadie más pudiera comprender lo que estamos sintiendo. Aquello que compartimos con los demás es también lo que nos separa de ellos cuando más los necesitamos.

El miedo te roba la fuerza espiritual y material. Fomenta las enfermedades, los conflictos y la infelicidad. Por él te limitas a ti mismo, diciéndote que no puedes tener lo que deseas, que no puedes tener ese trabajo, relación o cambio que te haría feliz.

Para la mayoría de las personas el miedo se convierte en un hábito a una edad muy temprana. Creemos que siempre estará con nosotros y lo aceptamos como parte de la carga que llevamos a nuestras espaldas. Y no obstante cada uno de nosotros es capaz de vivir sin miedo. Y una vida sin miedo es una vida que ha experimentado una transformación, ya que al vencerlo sobreviene la serenidad. Con la serenidad, el caos interior desaparece, encuentras el equilibrio interior y tienes el secreto tanto para la transformación interior como exterior. Puedes pensar con más claridad, tomar decisiones más fácilmente y sentir el amor y la satisfacción con más plenitud. La vida se convierte en una bendición.

La serenidad no es algo que debas adquirir o buscar fuera de ti. Se encuentra en tu interior, esperando el momento para florecer. Y al utilizar hábilmente tu energía mental es como puedes descubrir la serenidad que hay en ti y disfrutar de ella.

Los practicantes de la antigua disciplina tibetana espiritual y religiosa del bön consideraban que la forma de pensar de una persona afecta a todo cuanto esa persona hace. Nos enseñaron que, para crear una nueva forma de vivir y enriquecernos en el aspecto emocional y espiritual, debemos aprender a pensar hábilmente. Y, lo más importante de todo, sabían que comprender y transformar la naturaleza de la energía mental propia era el secreto para vencer el mayor obstáculo de todos, el miedo.

Aprender a usar los pensamientos hábilmente es mucho más simple y sencillo de lo que imaginas. En este libro explicaré la naturaleza del miedo, las razones del poder que tiene sobre nosotros y las formas en que cada uno podemos vencerlo y transformarlo, eligiendo en su lugar vivir con serenidad. Te ofreceré unos ejercicios prácticos y sencillos, basados en antiguos rituales bön, que te ayudarán a dar el paso del miedo hacia la serenidad. Sean cuales sean tus miedos, por más antiguos, profundos o arraigados que sean, si sigues la guía que te ofrezco podrás transformarlos en paz interior, en felicidad y en la plenitud que produce la serenidad.

LOS ORÍGENES DEL BÖN

El budismo es la religión más estrechamente vinculada con el Tíbet actual. Durante 1.200 años, hasta que China invadió el Tíbet en 1959, fue la principal religión de este bello y montañoso país.

Sin embargo, muchos años antes de la llegada del budismo, el bön era el sistema cultural y espiritual de enseñanzas en el Tíbet. Durante 17.000 años el bön predominó en Asia central y en el Tíbet y, aunque más tarde apareciera el budismo, siguen habiendo muchos miles de seguidores de las enseñanzas del bön en el Tíbet y en otras partes del mundo.

Cuando el budismo desplazó al bön durante una época de disturbios sociales en el Tíbet, las dos religiones coexistieron pacíficamente durante varios años. Pero más tarde, cuando algunos budistas empezaron a perseguir a la comunidad bön, el bön incorporó algunas de las ceremonias budistas y acabó desarrollándose en el bön «transformado», cuyos seguidores se conocen como bönpos.

Sin embargo, a pesar del surgimiento del bön transformado, las enseñanzas originales bön, conocidas como el bön de los ngagpas, siguieron manteniéndose vivas. Es la tradición que, desde que tenía cuatro años de edad, he estado estudiando a lo largo de veintitrés años.

Mi maestro, Ürgyen Nam Chuk, era un ngagpa, una persona de gran calibre espiritual. Los ngagpas se ocupaban de sus comunidades. Celebraban casamientos y funerales, aplicaban la justicia y realizaban rituales para proteger y beneficiar a la comunidad.

Ürgyen Nam Chuk estaba emparentado con el clan Nam o «Cielo», famoso por sus habilidades médicas, sus enseñanzas espirituales y sus poderes psíquicos. Casi treinta años antes de que China invadiera el Tíbet, uno de los miembros más antiguos del clan Nam predijo que esto ocurriría. Los miembros del clan avisaron a los líderes del Tíbet y después abandonaron el país y se establecieron en diversas ciudades indias. Algunos de los ngagpas fueron elegidos para viajar a países lejanos y formar en ellos a nuevos seguidores con el fin de mantener vivas las enseñanzas. La tradición bön dejaba que personas de otras razas y culturas siguieran estas enseñanzas si eran espiritual e intelectualmente adecuadas para ello. Para encontrar a estos candidatos los ngagpas utilizaban un sistema astrológico complejo y profundo que les indicaba a qué lugar del mundo debían ir y también a quién debían buscar.

Así fue como conocí a mi maestro. Ürgyen Nam Chuk fue uno de los ngagpas enviados al extranjero para formar a nuevos seguidores. En Nueva Zelanda, donde mi familia se había establecido, fue donde él se puso en contacto con mis padres. Un día se presentó y les explicó que representaba una tradición espiritual tibetana que, según cálculos astrológicos, indicaba que yo podía ser un candidato para recibir sus enseñanzas. Mis padres, sorprendidos, aceptaron volver a ver a Ürgyen y, al cabo de una serie de encuentros, estuvieron de acuerdo en que estudiara con él si yo así lo quería. Yo estaba muy contento de recibir las enseñanzas de Ürgyen, había intuido su llegada y en cuanto le vi supe que iba a ser alguien importante en mi vida. Mis padres conocían la tradición de la reencarnación de los maestros espirituales, común al bön y al budismo. Pero Ürgyen les explicó que yo no era un maestro reencarnado, sino una persona con unas facultades especiales y particulares y una inusual conciencia que necesitaba recibir una cierta formación.

Durante los siguientes veintitrés años Ürgyen fue mi maestro, mostrando siempre paciencia, bondad, compasión y respeto. Nunca me trató como alguien especial, sólo como un chico corriente que estudiaba con él. Fui a un colegio normal y hacía las mismas cosas que los otros escolares, pero cada día antes de ir al colegio y después de salir de él, y también los fines de semana y los días festivos, iba a casa de Ürgyen a recibir mis clases. Me convertí casi en una parte de su familia: Tamdin, su mujer, y sus tres hijos me brindaron una calurosa acogida y a mí me encantaba estar con ellos. Tamdin procedía de una famosa familia de maestros budistas y el hecho de que Ürgyen y Tamdin pudieran practicar armoniosamente sus respectivas religiones durante muchos años es la confirmación de los hilos comunes del budismo y el bön.

Por supuesto, como le hubiera ocurrido a cualquier otro niño, hubo épocas en las me hartaba de estudiar y me saltaba las clases. Pero Ürgyen se limitaba a esperar pacientemente a que volviera, y yo siempre lo hice. Ürgyen me transmitía las enseñanzas oralmente. Nunca lo hacía sirviéndose de ningún texto, simplemente me explicaba lo que sabía y me pedía que se lo repitiera. Cuando yo era pequeño, las enseñanzas y los ejercicios eran muy sencillos. Pero más tarde me enseñó a un nivel más profundo y hondo, examinándome con pruebas orales e instándome a que experimentara físicamente lo que me había enseñado, para que lo conociera tanto con el cuerpo como con la mente.

Ürgyen me enseñó las habilidades y las creencias del bön, y también sus misterios y maravillas. Aparte de ser un experto en yoga tántrico y un lama, o maestro religioso, era un practicante de la medicina bön. También era un chamán, no la clase de chamán que entra en trance después de ser «poseído» por los dioses, sino uno formado en un conocimiento especial que le permitía practicar la magia. Ürgyen y otros ngagpas eran los merlines del Tíbet, los curanderos místicos y magos, y los maestros de los milagros.

Estuve estudiando con Ürgyen hasta los veintisiete años, y poco tiempo después murió. Sentí muchísimo su pérdida y durante cuarenta y nueve días y noches estuve celebrando los rituales apropiados para la muerte de un maestro en la montaña Pihanga, un lugar consagrado de Nueva Zelanda. Aunque ahora sea un ngagpa, en aquella época descendí el largo sendero de la montaña sabiendo que todo había ido bien, pero ignorando la dirección que iba a tomar mi vida.

Ürgyen siempre me dejó claro que debía usar los conocimientos que me había dado del modo que a mí me pareciera más adecuado. Durante varios años estuve viajando, practicando la medicina tibetana y esperando que la dirección correcta de mi vida se revelara por sí sola. Al final fui a vivir a Gran Bretaña y fundé el Eden Medical Centre en la King's Road de Londres, un centro médico concebido para tratar los problemas físicos, espirituales y emocionales. En el centro practico la medicina tibetana junto con un dedicado grupo de otros profesionales practicantes de la medicina alternativa y ortodoxas.

El arte tibetano de la serenidad trata sobre un aspecto en concreto de la existencia humana: la relación que mantenemos con el miedo. La finalidad del miedo es ayudarnos a encontrar el camino hacia la serenidad. Si estamos dispuestos a ello, el miedo puede ser un guía y un aliado en nuestro viaje interior que nos conduzca al auténtico gozo de una vida serena.

1

La liberación del miedo

Cuando te liberas del miedo, recibes muchos beneficios. Descubres la habilidad de mantener relaciones más satisfactorias, de comprometerte de una forma más plena, de amar con más profundidad, de comprender la vida con más claridad y visión, y de hacer elecciones más acertadas. Por eso tu miedo se interpone como una barrera entre tú y todo aquello que es bueno y valioso en tu vida. Los que están dominados por el miedo desconfían de los demás, dudan, sólo ven los aspectos negativos de las situaciones y lo empañan todo con sus enjuiciamientos. También son personas cerradas, incapaces de aceptar el amor, la abundancia, la alegría y el éxito, o de reconocer lo que es bueno y lo que vale la pena cuando la vida se lo ofrece.

Al liberarte del miedo puedes vivir la vida que eliges, eliminando las limitaciones y actuando en armonía con los demás y con el mundo que te rodea. Los problemas y las desgracias ya no podrán vencerte, los afrontarás con una serenidad que te permitirá aceptarlos y seguir adelante. Los cambios del destino no te afectarán, podrás aceptar todo cuanto la vida te depare, beneficiándote con ello y favoreciendo al mismo tiempo a las personas que te rodean, tanto a tu familia como a la comunidad a la que perteneces. Cuando te despojas del miedo tu vida se llena del placer de vivir. Adquieres una profunda visión de la compleja relación entre tu yo interior y exterior, y encuentras los medios para expresar lo que hay dentro de ti.

Al liberarte del miedo descubres que eres una persona ordinaria y a la vez extraordinaria. Estás dispuesto a correr riesgos y a no dejarte amilanar ante los retos que la vida te presenta, al tiempo que sabes cuándo dejar de lado algunos de ellos. Todas las experiencias y las personas con las que entres en contacto en la vida te inspirarán siempre. Tu humanidad crecerá, al igual que tu visión interior y sentido común. Sentirás la responsabilidad de ser compasivo y tolerante con tus semejantes. Y siempre habrá en ti una constante e ilimitada paz. Percibirás lo divino en cualquier circunstancia e individuo. Tu sentido del humor aumentará y tu disposición a reírte de ti mismo se convertirá en una parte de tu forma de afrontar el mundo.

Liberarte del miedo es como un terremoto espiritual que cambiará radicalmente el curso de tu vida. Puede que veas las cosas con otros ojos y elijas nuevas direcciones, y que los demás te encuentren cambiado. Pero este cambio será para mejor y tú nunca desearás volver al estado en el que vivías antes.

LA VISIÓN BÖN DEL MIEDO

Por lo general creemos que el miedo es la respuesta que manifestamos ante algo amenazador, como una mala noticia o un peligro. La amenaza puede ser inmediata y evidente, o más sutil e insidiosa. El miedo quizá sea nuestra respuesta a lo que consideramos una persona despótica, un dios cruel, un sistema de creencias despiadado o unas circunstancias que no podemos controlar.

Sin embargo, según la visión bön, el miedo no es una amenaza percibida o imaginada, sino la respuesta que esta emoción nos provoca. Según el bön, el miedo es cualquier experiencia física, emocional, intelectual o espiritual que crea en nosotros un fuerte apego, rechazo o sensación de indefensión. Por eso aunque las experiencias que nos asustan sean distintas para cada uno, los resultados que nos producen son los mismos para todos.

Mientras estamos en el seno materno experimentamos los miedos de nuestra madre. Son las lecciones que más necesitamos aprender para prepararnos para el mundo físico al que nos enfrentaremos después de nacer, mientras estamos en el útero establecemos los patrones de nuestros futuros miedos. Como estos patrones están tan arraigados y los adquirimos de forma inconsciente con el sustento que recibimos de nuestra madre, para poder abandonarlos debemos aprender a reconocerlos.

¿Por qué sentimos miedo? Porque en el mismo miedo es donde se encuentra el camino de la serenidad. El miedo es el que nos lo muestra, sin él nunca podríamos aprender las lecciones que nos conducen a la serenidad. Al hundirnos en las profundidades del miedo que hay en nuestra conciencia humana es cuando descubrimos todo cuanto necesitamos para curarlo.

En el mundo occidental se ha generalizado la idea de que lo mejor con relación al miedo es enterrarlo o hacerle frente, pero estas actitudes no son acertadas. Si reprimes el miedo, puede aflorar en cualquier momento, de modo que ese miedo tuyo siempre te controlará en lugar de ser tú el que lo controles. Los miedos reprimidos se manifestarán con frecuencia de una forma que al principio quizá no parezca evidente, como una conducta adictiva. Y por otro lado, si crees poder vencer el miedo haciéndole frente audazmente, sólo lo estarás llevando a otra parte de tu mente en lugar de curarlo. Tal vez te parezca que lo vences por el momento, pero sólo lo estarás fortaleciendo a la larga y apegándote más aún a ese miedo que intentas vencer.

Para evitar experimentar el miedo o para sentir que tú eres más fuerte que él, debes comprender de dónde surge y qué es, liberando las energías que lo crean, permitiendo de ese modo que sea absorbido por la serenidad.

EL MIEDO EN EL MUNDO

A todos nos gusta creer que somos independientes, pero lo cierto es que nuestros miedos nos vinculan a unos con otros. Todos compartimos, inconscientemente, los miedos y las experiencias de miedo de cualquier otro ser humano de nuestro pequeño planeta.

Mientras dormimos, todas las emociones humanas fluyen a través de nosotros a un profundo nivel, ya que el sueño es el mecanismo espiritual para conectar unos con otros. Por eso durante el sueño, al igual que ocurre con el amor, la serenidad y el deseo inconsciente de comunicarnos profundamente con los demás de una forma no verbal, compartimos nuestros miedos.

A medida que nos volvemos más conscientes de ellos, empezamos también durante el sueño a curarlos y a curar los de nuestros semejantes. Si en nuestras horas de vigilia trabajamos con nuestros miedos, por la noche, mientras dormimos, experimentaremos la serenidad presente en todo.

El miedo es la emoción tóxica más poderosa que nos afecta a todos. Fomenta la discriminación de género, la falta de respeto a la sacralidad femenina, la pobreza, la desinformación y el abuso de la economía, la agricultura y la industria. El miedo crea la contaminación ambiental, el calentamiento global, el desasosiego social, la violación de los derechos humanos, el terrorismo y la global falta de valores.

El siglo XX ha sido la época de los miedos en todo el mundo, ya que ha habido guerras por todo el planeta. Su legado aún perdura, pero en este nuevo siglo ha llegado el momento de liberarnos del miedo y adquirir una nueva conciencia, dejando que los miedos del siglo pasado desaparezcan. Cuanta más serenidad haya en el mundo, menos influencia ejercerá en él el miedo. Pero para conseguirlo debemos tener el valor y la madurez necesarias para aprender a erradicar nuestros propios miedos.

UNA GOZOSA SERENIDAD

Somos, por naturaleza, seres serenos, pero perdemos la serenidad a causa de los miedos que nos llevan a la confusión y al materialismo. Pero la serenidad no es un estado inalcanzable, ya que yace bajo nuestra mente cotidiana y está presente en todo. Es el regalo que recibimos al estar dispuestos a abandonar nuestros temores. El miedo no es más que una serenidad que no se ha encontrado a sí misma.

Al alcanzarla, aprendemos que la serenidad filtra nuestros miedos y dudas, y forman parte de ella tanto el universo material como el espiritual, y nos permite experimentar directamente lo divino en la vida. La serenidad lo impregna todo y está más allá de la religión o la filosofía. Es la propia luz del alma que revela los secretos de la oscuridad, el miedo y las sombras que existen en el mundo y en nosotros.

LA PARTE SABIA Y LA PARTE ALOCADA

En cada uno de nosotros hay dos partes que luchan para dar sentido a nuestra vida diaria y a todo cuanto se nos presenta. Una de esas partes es sabia y la otra alocada. Para encontrar el equilibrio en la vida las necesitamos a ambas, porque cada una desempeña un papel. El miedo surge al reprimir la parte sabia a favor de la alocada, o la alocada a favor de la sabia y de la falta de equilibrio que esto nos produce.

Si sólo deseas que se manifieste la parte sensata, seria y prudente que hay en ti, la alocada intentará confundirte aflorando cuando menos preparado estés y empujándote a hacer cosas de las que más tarde te arrepentirás. Debes reconocer y aceptar tu parte alocada, junto con la sabia, porque esta parte espontánea, libre y gozosa también es una parte tuya.

Este equilibrio entre la parte sabia y la parte alocada es lo que nos hace ser humanos y espirituales, y lo que nos libera del miedo. Cuando las dos partes están en equilibrio, tu vida se desarrolla sin complicaciones y puedes dar el primer paso para calmarte y sentirte bien. Y al darlo, experimentas el primer momento de serenidad.

La parte sabia

Mucha gente piensa que la sabiduría es algo ajeno a la vida cotidiana y está reservada sólo a ciertas almas especiales que han intentado adquirirla a través de un prolongado e intenso aprendizaje. Pero en realidad es lo contrario. La sabiduría está en nuestro interior, a nuestro alcance, y todos utilizamos la parte sabia, tanto si lo sabemos como si no. Nuestra parte sabia tiene un profundo conocimiento y comprensión, y crea y conecta todas las estructuras de nuestra vida de las que no somos conscientes, fusionando unas con otras, dando sentido a lo que no vemos a simple vista. La sabiduría nos hace desear la continuidad, nos ayuda a comprender nuestros miedos y nos empuja a mejorar nuestro mundo interior y nuestra vida.

La parte sabia que hay en nosotros también nos enseña a aceptar lo que no podemos cambiar y a ser valientes a través de las experiencias de nuestra vida. El lado sabio celebra las dificultades del viaje de nuestra existencia, para que aprendamos las lecciones que nos ofrece. Busca el significado de las cosas y reúne las percepciones interiores para que podamos crear inconscientemente estructuras fluidas y definibles con el fin de darle sentido a la vida.

La parte alocada

La mayoría estamos mucho más familiarizados con nuestra parte alocada.

El lado alocado puede ser estúpido, pueril, insolente, egoísta y desequilibrado. Es esa parte nuestra que alardea, hace el tonto y se entrega a los excesos. Es fácil criticar a la parte alocada. Sin embargo, ésta también puede ser creativa e inspiradora. La parte alocada tiene ideas, impulsos ingeniosos y está llena de energía, permitiéndonos perseguir nuestros ideales y sueños.

El lado alocado busca la serenidad, pero siempre descubre que ésta no está a su alcance. Y no obstante es capaz de guiarnos en los misterios de nuestro viaje interior hacia la liberación del miedo y nos ofrece la gran lección de que no somos nuestros miedos y que, si somos valientes, los venceremos. La inocencia, el amor, el coraje y la oportunidad de cambiar son los regalos del lado alocado, el catalizador de la transformación personal. Al aceptar nuestro lado alocado, nos enfrentamos a la naturaleza de quiénes somos: a nuestros miedos, nuestras virtudes, defectos, sabiduría y serenidad.

LA PÉRDIDA DEL EQUILIBRIO

Aunque todos nacemos con la parte sabia y la parte alocada perfectamente equilibrada, es fácil que se pierda esta relación. La vida cotidiana no nos anima a ser sabios ni alocados, sino a ser personas de segunda. En este mundo nos animan a no tener ideas propias y a no cuestionarnos cómo son las cosas, a mantenernos en un estado de desequilibrio, un estado en el que nos sentimos infelices, ignorantes y temerosos. La sociedad que hemos creado, sobre todo en Occidente, nos anima a ser frenéticamente activos, ambiciosos y desesperadamente inseguros, en lugar de animarnos a ser valientes o a tener la suficiente visión como para ir en contra de las reglas aceptadas. Malinterpreta la importancia de la parte alocada de nuestro ser y, al mismo tiempo, intenta trivializar la parte sabia, sin fomentar una verdadera espiritualidad que transforme nuestra vida. Cuando la parte sabia rechaza a la alocada, podemos acabar volviéndonos inflexibles, cautelosos y excesivamente introvertidos, con lo que nos resulta difícil conectar con los demás. Y cuando la parte alocada intenta ser la única, rechazando a la sabia, acabamos viviendo nuestra vida de una forma exterior y superficial, sin una vida interior ni una base, y sin la habilidad para utilizar todo su potencial. La parte sabia intenta controlarlo todo y mantener el statu quo para impedir los cambios, mientras que la parte alocada destruye, rompe y se rebela sin ofrecernos soluciones duraderas para nuestras necesidades como seres humanos.

CÓMO EQUILIBRAR LA PARTE SABIA Y LA ALOCADA

Todos debemos aprender a equilibrar la parte sabia y la alocada de nuestro ser; al aprender a utilizar estas cualidades, nos abrimos a la liberación del miedo. Esta liberación tiene una cualidad casi milagrosa: es serena y apacible, es un estado natural de la conciencia que existe tanto en el espíritu humano como en el mundo natural. Al gozar de esta libertad podemos ser tal como somos y mantener la calma, sea lo que sea lo que esté ocurriendo en el mundo que nos rodea.

Aunque haya unas similitudes y experiencias comunes que nos vinculan a todos en nuestra sabiduría y locura, la parte sabia y la parte alocada de nuestro ser son únicas y cada uno de nosotros encontraremos nuestro propio camino en el mundo al utilizar los aspectos sabios y alocados. Por consiguiente, para conseguir que estas dos partes estén equilibradas en ti, has de adentrarte en tu mundo interior.

Aprende a escuchar tu voz sabia y tu voz alocada, y únelas en una sola voz al aplicarlas en el mundo. Al escuchar a tu guía interior y ser lo bastante valiente como para seguir sus dictados, podrás crear la vida que has elegido y hacer que sea una expresión de serenidad.

Sólo puedes conocer tu parte sabia y alocada cuando eres lo bastante valiente como para entregarte a ellas y perder el miedo a conocerte. En cuanto lo hayas hecho, podrás utilizarlas, comprenderlas y aplicarlas en tu vida cotidiana. La parte alocada favorece las interacciones humanas, te guía para que sepas comunicar tus necesidades interiores y te ayuda a afrontar cuestiones como las de ganarte la vida, amar y sentirte seguro emocionalmente. La parte alocada te muestra cómo solucionar tus problemas sin quedarte atrapado en ellos. El lado sabio entra en juego al tomar la energía y las percepciones del lado alocado y transformarlas en una estructura utilizable, haciendo que puedas darle sentido y comprenderla. Cuando las dos trabajan juntas de este modo, el miedo se disuelve y la serenidad está presente en tus pensamientos, actividades y aspiraciones diarias.

Deja que tu meta en la vida diaria sea participar en todo con una intención directa y buena, para que tu natural serenidad se exprese a sí misma y puedas disfrutar de la belleza de la vida. Intenta siempre ser sincero contigo mismo al vivir lo que crees que tienes que vivir y al conocer así tu propia verdad.

La verdadera serenidad surge al comprender la parte sabia y la parte alocada que hay en ti y después equilibrarlas. La serenidad no es estática, sino que es fluida, dinámica y adaptable.

Meditación para armonizar la parte sabia y la alocada

Esta meditación es sencilla, profunda e inspiradora.

Siéntate en una postura cómoda y relajada. Cierra los ojos. Concéntrate en el ciclo normal de tu respiración. Visualiza en tu mente dos esferas de luz, una blanca y otra azul. La blanca representa tu lado alocado y la azul tu lado sabio. Cada una orbita alrededor de la otra lentamente, en sentido contrario al de las agujas del reloj. Concéntrate primero en la luz azul sabia, fúndete con ella y siente que actúa como un conducto para la sabiduría que fluye hacia ti, deja que las palabras y las imágenes fluyan también por tu cuerpo y por tu mente, y luego absorbe la luz azul sabia. Haz ahora lo mismo con la luz blanca alocada.

Cuando hayas absorbido las dos luces, visualiza las dos esferas de luz brillando en tu corazón, e imagina que irradian unos potentes rayos de luz blanca y azul iluminando el mundo. Estas luces queman las oscuras sombras de tu ser y lo penetran todo, despertando el yo sabio y el yo alocado que hay en ti y ofreciéndote unas útiles experiencias de la vida y una profunda y duradera serenidad.

A medida que vayas eliminando el espacio entre la parte alocada y la parte sabia que hay en ti, y las equilibres, descubrirás la relación entre la serenidad y el miedo, y te librarás de la influencia de esta emoción.

David desempeñaba un trabajo sumamente estresante en el mundo de la política. Día tras día tenía que tomar decisiones que afectaban a las vidas de miles de personas. Sentía que esto era una enorme responsabilidad para él y le preocupaba incesantemente el que cada decisión que tomase fuera la correcta. Al cabo de un tiempo, al estar sometido a la ansiedad y al estrés, David empezó a cometer errores y a tener costosas equivocaciones. A medida que su vida laboral se volvía más problemática y él se sentía cada vez más ansioso, esta situación afectó a la relación que mantenía con su mujer, sus hijos y sus amigos. Estaba irritable y deprimido, no dormía bien por las noches y su salud se resintió.

Un amigo de David le recomendó que fuera a verme. Cuando llegó vi que estaba muy preocupado. Iba con la espalda encorvada por la pesada carga que sentía estar llevando, no podía mirarme a los ojos y me dijo que apenas sabía cómo seguir adelante con su vida.

Era evidente que la parte sabia y la parte alocada de David estaban muy desequilibradas y que se sentía agobiado por el miedo. Su aspecto era tan tenso y circunspecto que vi enseguida que su yo sabio estaba rechazando a su yo alocado, junto con la ayuda y visión que éste pudiera ofrecerle. Estaba viviendo su vida intentando alcanzar una meta exterior sin disponer de una base interior.

Le pedí que practicara la meditación para armonizar su yo sabio y su yo alocado. David no entendía cómo esta práctica iba a ayudarle y al principio se mostró reacio a hacerla, pero como estaba desesperado y ninguno de los otros métodos que había probado le habían funcionado, aceptó practicarla y la hizo a diario durante un mes.

Cuando David volvió a verme, enseguida me di cuenta de que estaba más relajado. Mantenía la espalda más derecha, y al entrar a mi consulta me miró a los ojos y me sonrió. Me comentó que, para su sorpresa, la meditación le estaba ayudando. Tenía la fuerte sensación de que la parte sabia que había en él se estaba fundiendo con la alocada y que trabajaban juntas. Sentía que se estaba volviendo una persona más coherente y equilibrada y que ahora se conocía mejor.

David siguió practicando la meditación durante dos meses más y luego decidió hacerlo una vez a la semana por lo menos. Fue capaz de volver a examinar su vida, hacer cambios en ella y sentir que por fin volvía a controlarla. Ahora le gustaba su trabajo y las relaciones que mantenía le satisfacían totalmente.

LAS DOCE CLASES DE MIEDOS

Mientras intentas unir y equilibrar tu lado sabio y el alocado, tienes también que aprender a identificar los miedos que este desequilibrio ha creado. Según el bön, en nuestra vida cotidiana predominan doce clases de miedos. Podemos sentir uno, varios, o la mayoría de ellos.

Aunque la raíz de todos los temores sea aquello que crea en ti apego, repulsión o impotencia, los miedos individuales surgen de esas raíces y esos doce miedos comunes pueden convertirse en una parte de tu realidad emocional desde la temprana infancia. El mayor beneficio del miedo es que cuando lo comprendes sabes que puedes curarlo. Al identificar los miedos que te acosan puedes curarte de ellos y crear una vida más serena y completa.

Estos doce miedos se dividen en dos clases. La primera es la de los miedos que anidan en tu personalidad diaria, conocida como tu «mente cotidiana», y la segunda, los miedos relacionados con el mundo material que todos experimentamos. Estas dos clases suelen mezclarse, creando un grupo de miedos que al principio cuesta distinguir unos de otros. Sin embargo, al reflexionar atentamente y examinarte, puedes reconocer tus miedos particulares y hasta qué punto cada uno de ellos se encuentra en tu interior.

Los miedos de la mente cotidiana

Los miedos de la mente cotidiana son los que te producen confusión, dolor y sufrimiento y te impiden cambiar tu forma de pensar, sentir y actuar. Estos miedos te hacen sufrir en la vida y crean el deseo de experimentar un cambio emocional y espiritual.

1. EL MIEDO A SER TÚ MISMO

El miedo a ser tú mismo y a aceptar quién eres y quién puedes ser es la base de los otros miedos, ya que es a ese miedo al que todos vuelven. Es el único miedo común a todas las personas y los otros once surgen de él. A tu mente cotidiana le da miedo que llegues a conocerte de veras porque ello transformará tu vida. Al conocer este miedo, comprenderlo y curarlo, te curas de todos tus otros miedos.

2. EL MIEDO QUE TE INSPIRAN LOS DEMÁS

El miedo a los demás está muy extendido, la mayoría de nosotros hemos tenido miedo de alguna persona en algún momento de nuestra vida. Aparece cuando, al no conocer tu verdadera naturaleza, te sientes vulnerable y temes que los demás te hagan daño. Esta clase de miedo puede considerarse también común a todas las personas. Es el miedo que causa la violencia, el terrorismo, la maldad y el abandono de los aspectos más elevados de la naturaleza humana. Y en muchas sociedades este miedo se fomenta e incluso se exalta. Sin embargo, cuando lo abandonas sientes un profundo amor por ti mismo, por la vida y por todos los seres vivos.

3. EL MIEDO AL PODER Y AL CONTROL

Hay la creencia de que tener poder y control sobre uno mismo equivale a tenerlo sobre los demás, pero esto no es cierto. Cuando tienes poder y control sobre ti, el mundo se te entrega de manera natural, pero cuando tu poder y control sólo son externos, para que el mundo se someta a tus deseos debes emplear la coacción, la manipulación, el terror, el engaño, el encanto o la seducción. Cualquier clase de poder y control que no estén motivados por el desarrollo interior, por el deseo de alcanzar la serenidad y despertar en los demás lo mejor de ellos, es artificial, y el poder y el control artificiales siempre se convierten en una carga para los que los utilizan. Incluso el poder y el control que tienes sobre ti se convertirán en una carga si no los compartes con los demás mediante actos de amor, generosidad y solidaridad.

4. EL MIEDO AL AMOR

A mucha gente le da miedo el amor, a pesar de anhelarlo. Esta clase de miedo es el temor a sufrir emocionalmente y a ser rechazado. Cuando amamos, nos exponemos y somos vulnerables; creemos estar a merced de la persona amada. Pero lo que en realidad te da miedo es abrirte, que ella descubra tus defectos y te rechace. Amar es ir más allá de la fachada que has creado para sumergirte en la trastienda de tu mente llena de inseguridades, dudas y anhelos que normalmente no quieres ver.

Cuando amas totalmente a alguien, participas en la vida de una forma plena y completa. Tener miedo al amor es evitar participar en él, manteniéndote al margen, hasta que sientes que es seguro dar un paso hacia adelante. Y sin embargo cuando tienes el valor de amar a alguien por completo, tu miedo desaparece y creas un espacio interior sereno en el que ese miedo ya no puede entrar.

5. EL MIEDO A LA SOLEDAD

El miedo a la soledad es temer perder la intimidad o la conexión que mantienes con los demás y aparece al creer que sin esas personas te falta algo y que no existes del todo.

Si te da miedo estar solo, es que no has descubierto el gozo de tu propia compañía, el placer de la soledad y lo gratificante que puede ser tu propio diálogo interior.

Cuando vences este miedo al aceptar el estado de soledad, sientes que tu vida se enriquece. Curiosamente, cuando la soledad no te da miedo, conectas y te comunicas con los demás de una manera más profunda y satisfactoria. Siempre nos sentimos atraídos por las personas que se conocen a sí mismas y que saben disfrutar de su propia compañía.

6. EL MIEDO A SENTIR MIEDO

Lo que más temen muchas personas es sentir miedo. Para evitarlo no participan plenamente en la vida, se aislan y acaban convirtiéndose en solitarios. El miedo a sentir miedo es una clase de reconocimiento, un miedo que es consciente de sí mismo, lo cual es comprensible, ya que significa reconocer el doloroso viaje al que el miedo puede llevarnos.

Según la tradición bön tibetana, esta clase de miedo no está inducido por un factor externo, aunque así te lo parezca. Simplemente tu cerebro y tu cuerpo aprenden a tener miedo a medida que comprenden la naturaleza de esta emoción. Tienes miedo porque tu cerebro te dice que debes tenerlo, aunque no haya ninguna razón para ello.

7. EL MIEDO A LA MUERTE Y A MORIR

El miedo a la muerte y a morir no es temer el suceso en sí, sino el descubrimiento que acompaña a la muerte: ¿qué sentiré mientras me esté muriendo y qué me encontraré en el más allá? Este miedo nace de la personalidad que tienes en esta vida. La personalidad ve que la muerte la destruirá y teme ese momento. Pero aunque tu personalidad y tu forma física desaparezcan al morir, tu esencia perdurará.

El miedo a la muerte es reconocer que la vida es frágil y que nada dura para siempre. Lo que has de cambiar es la idea de que esto es algo malo, porque en realidad no lo es. La experiencia de la muerte es como un filtro que nos ayuda a purificar las ideas que tenemos de ella para que, cuando volvamos a una nueva existencia, podamos llevar una vida mejor.

Los miedos relacionados con el mundo material

Los miedos relacionados con el mundo material son los que nos impiden vivir con éxito y armonía en la vida cotidiana. Constituyen las semillas de toda la infelicidad material y mundana.

8. EL MIEDO AL ÉXITO Y AL FRACASO

El miedo al éxito es idéntico al miedo al fracaso. Nos da miedo el éxito porque significa que no sólo nuestros sueños se harán realidad, sino que también deberemos estar a la altura de nuestro éxito y asumir la responsabilidad que conlleva. Con el fracaso ocurre exactamente lo mismo: cuando fracasamos debemos aceptar que nuestros sueños no van a cumplirse, vivir con nuestro fracaso y hacernos responsables de él. Ambas situaciones son igual de difíciles, la única diferencia es que el éxito es más atractivo que el fracaso.

Algunas personas pasan de una situación a otra y les resulta imposible aceptar ambas y vivir con ellas. Piensa en las veces que has leído la historia de alguien que se vuelve millonario, pierde toda su fortuna, vuelve a ganar un montón de dinero y después lo pierde de nuevo.

A otras les da tanto miedo triunfar o fracasar que nunca se permiten hacer una cosa o la otra. La única forma de vencer este miedo es comprender por qué necesitas y te mereces triunfar o fracasar. Al comprenderlo, tu mente encuentra la serenidad, lo cual es mucho más valioso que el éxito o el fracaso.

9. EL MIEDO A LA POBREZA Y A LA RIQUEZA

El miedo a la pobreza o a la riqueza, o a tener demasiado o demasiado poco, va ligado, al igual que el miedo al éxito o al fracaso.

El miedo al dinero y a la pobreza crea ira, ya que estos temores surgen del deseo de controlar el mundo material. Sin embargo, cuando estás en un estado de miedo, hasta que no logres vencerlo no podrás cambiar el mundo material. El deseo de querer ganar mucho dinero surge al sentirte inseguro en el mundo, mientras que el miedo a la pobreza procede de sentirte en un constante peligro. En nuestra sociedad se niega la existencia de estos miedos, porque se nos anima constantemente a ganar dinero y a considerar la pobreza como un fracaso personal.

Para vencer el miedo a la pobreza o a la riqueza es importante comprender qué es lo que tienes en el mundo y por qué, y aprender a utilizarlo hábilmente. La pobreza puede superarse, pero si intentas ganar dinero por miedo a la pobreza, le causarás un gran daño a tu personalidad.

10. EL MIEDO AL FUTURO Y A LO QUE NOS DEPARARÁ

La mayoría de personas tememos en alguna ocasión aquello que el futuro nos deparará. Este miedo surge de la insatisfacción y la incapacidad de sentirnos satisfechos con lo que tenemos emocional y espiritualmente. El futuro nos da miedo cuando, en el presente, no somos del todo conscientes del valor de la vida que tenemos delante. Debemos tomarnos el tiempo suficiente para reflexionar sobre nuestra vida y situación actual, y aceptarla con todos sus aspectos buenos y malos. Ya que el valor emocional y espiritual de nuestra vida presente es el catalizador de nuestro vínculo con la serenidad, y una vez hayamos establecido este vínculo, ya no temeremos el futuro.

11. EL MIEDO A LOS LOGROS Y LA AUTOESTIMA

Este miedo aparece cuando confundimos los logros con una sensación de autoestima y acabamos creyendo que son lo mismo. Creemos que si conseguimos alcanzar más cosas, nuestra autoestima aumentará, pero al mismo tiempo nos da miedo alcanzar algo, y creemos que no podemos manejarlo o afrontarlo a causa de nuestra baja autoestima.

El secreto en este caso reside en no quedarnos atrapados en ello. El logro valioso y duradero estriba en aplicar en el mundo material tu conocimiento interior con una actitud serena. El beneficio que uno obtiene de este logro es la autoestima.

12. EL MIEDO A LAS GUERRAS Y A LAS ENFERMEDADES

Este miedo es una amenaza que siempre ha estado presente a lo largo de la historia de la humanidad, pero en la actualidad el miedo a las guerras impera más que nunca porque los medios de comunicación han logrado llevarlo a la sala de estar de todos, lo cual es la primera vez que ocurre.

El miedo a las enfermedades también está aumentando porque ahora somos mucho más conscientes de las numerosas enfermedades que existen. En el pasado la esperanza de vida era más corta, pero a la gente le daban mucho menos miedo las enfermedades o las guerras porque no se veían obligados a hacerles frente a diario por medio de la televisión, las películas y los periódicos.

También estamos viviendo una época en la que se nos somete a una enorme presión social: el éxito, la riqueza, la posesión de determinados bienes materiales, vivir de un cierto modo y estar a la altura de las expectativas de la sociedad. El resultado es que vivimos con miedo y, en el fondo, el miedo es la enfermedad que más impera y abunda de todas.

Al observar la lista de miedos que acabo de citar, quizá te hayas identificado enseguida con alguno de ellos, pero esto no quiere decir que no experimentes cualquiera de los otros. La mayoría de las personas hemos sentido estos doce miedos de algún modo o forma en alguna ocasión. Puede que también los hayas visto actuando en las vidas de las personas que te rodean: los amigos, la familia y los compañeros de trabajo. Estos miedos producen efectos drásticos no sólo en ti, sino también en todos aquellos que te rodean y en el mundo en el que vives. Tómate el tiempo necesario para reflexionar sobre ti y sobre tu vida. ¿Qué aspectos de tu vida no te gustan y deseas cambiar en ti? ¿Cuáles son los miedos que enmascaran dichos aspectos? Identificar los miedos que tienes no siempre es fácil. Puede que tus más profundos temores no se revelen de forma evidente o espectacular. A menudo lo hacen de una forma sutil, dominante, persuasiva, silenciosa y adictiva. Apoyan el status quo emocional y espiritual que compone tu vida cotidiana, dirigiendo y fomentando muchos actos y conductas que ni siquiera te cuestionas. Reconocer estos miedos y la influencia que ejercen en ti puede ser una labor compleja que implique observar en profundidad durante mucho tiempo todos los aspectos de tu vida.

El miedo te impulsa a seguir estancado y a no aceptar los cambios. De ahí que un importante paso para comprender los temores que hay en tu vida sea empezar a transformar tu actitud ante los cambios y las situaciones inesperadas. Cuanto más odies los cambios o intentes evitarlos, mayor será el miedo que se oculte en esta actitud. Si las situaciones inesperadas te alarman o agitan, es que estás dominado por el miedo.

Una vez hayas identificado tus miedos, estarás preparado para hacer el ejercicio de meditación que describo a continuación. Mientras lo realizas recuerda que llegará un momento en que todos tus miedos desaparecerán y que debajo de ellos reside la serenidad. Cuando expones la bulliciosa naturaleza del miedo a la clara luz de la serenidad, todos los miedos desaparecen en el acto.

Meditación sobre las doce clases de miedos

Con esta meditación empezarás a eliminar de manera segura y tranquila todos los vínculos que te atan a las doce clases de miedos. A medida que la vayas practicando, irás percibiendo con claridad cada uno de tus temores al tiempo que sentirás la serenidad que subyace bajo ellos y que está esperando emerger como una fuerza viva en tu vida.

Empieza con el miedo con el que más te identifiques; al cabo de un tiempo podrás trabajar con el resto. No intentes acelerar los resultados, es importante progresar con suavidad y pausadamente.

Concéntrate en el miedo que más te atraiga, respira lentamente, visualizando que tu respiración lo limpia hasta que tu miedo se vuelve transparente. Cuando lo consigas, contempla con tu imaginación cómo tu temor se prende en llamas y se consume. Mientras tanto, siente las energías serenas fluyendo de tu corazón y difundiéndose por todo tu cuerpo y mente, y por tu vida cotidiana.

A medida que vayas practicando esta meditación, sentirás que te quitas un gran peso de encima. Pensarás y actuarás con más libertad. Tu miedo perderá fuerza. Al ver que disminuye, respira lentamente, concentrándote en la respiración, y visualiza que estás envuelto en un halo de llamas que quema todos los obstáculos y revela la inocencia y pureza de tu ser.

Recuerda que al transformar tu miedo, estás reduciendo a la vez el miedo en el mundo. Si cada uno de nosotros aprendemos a vivir sin miedo, el mundo se convertirá en un lugar sereno, libre de los dolorosos legados que el temor ha dejado.

Thomas sentía, a pesar de la rica y variada vida que llevaba y de sus muchos éxitos materiales, una profunda y penetrante sensación de miedo que nunca le abandonaba. Constantemente se exigía más, e intentaba manejar su miedo ganando más dinero y alcanzando más reconocimiento en el mundo. Pero el miedo no le dejaba disfrutar de su éxito, las relaciones que mantenía eran problemáticas, y su mente no se sentía nunca en paz.

Thomas vino a verme porque se sentía mal y deprimido. Aparentaba más años de los que tenía y se veía preocupado y decaído. Enseguida me di cuenta de que estaba atenazado por un profundo miedo y que sufría las doce clases de miedos. La causa de esta situación se remontaba a una infancia muy insegura en la que había perdido a sus padres y caracterizada por los cambios periódicos de una familia de acogida a otra.

Le pedí que intentara hacer la meditación sobre las doce clases de miedos y él aceptó practicarla a diario durante un mes, concentrándose en un miedo cada vez.

Cuando volvió a verme, parecía más joven, vital y saludable. Me contó que sentía que sus miedos habían disminuido y que por primera vez en muchos años se sentía realmente vivo.

Al cabo de seis meses, después de seguir meditando a diario, me dijo que se había enamorado de la vida. Como la serenidad había reemplazado a los miedos que tenía, pudo participar plenamente en la vida, a diferencia de antes, que se había sentido como un espectador que se limitaba a observar a los demás mientras ellos vivían su vida a tope. Thomas descubrió de pronto que su vida cobraba sentido y que tomaba una nueva dirección. Como ya había ganado suficiente dinero, pudo concentrarse en ayudar a los demás, lo cual fue para él una experiencia sumamente gratificante.

La meditación de la serenidad

La meditación de la serenidad se practica después de haber hecho la meditación sobre las doce clases de miedos. Antes de realizarla, haz la meditación sobre las doce clases de miedos durante siete días. Puedes volver a practicar esta última siempre que quieras, pero cada vez que lo hagas realízala durante una semana antes de volver a hacer la meditación de la serenidad.

La meditación sobre las doce clases de miedos te ayuda a liberar y transformar tus miedos. En cambio, la meditación de la serenidad te permite dar el siguiente paso, que es descubrir la serenidad.

La energía de la serenidad está latente en todo, esperando ser despertada. Todo cuanto necesitas despertar en ti es la concentración y la plena conciencia.

Cierra primero los ojos y respira con suavidad, aunque de manera normal. Deja después que tu mente sienta el entorno en que te encuentras, el espacio que te rodea. Pide ahora que la serenidad fluya hacia ti, para que tu corazón y tu vida reciban sus bendiciones. Como la serenidad aporta abundancia a través del bienestar y la felicidad, deja que estos estados se manifiesten en ti. Mientras empiezas a sentir la serenidad fluyendo hacia ti, entona en voz baja este cántico bön para sellar la conexión que estableces con ella, así en lugar de perderla, su calidad y fuerza no dejarán de aumentar:

Ah Zha Var Rar
Zha Lha Zha Lha
Var Rar Zha Ah

Canta cada palabra del cántico tal como está escrita. Descubrirás que es fácil, sencillo y directo. Este cántico activará los caminos que conducen a la serenidad que existe en tu interior y te permitirá forjar unas conexiones nuevas e indestructibles con ella.

La serenidad es duradera y gozosa porque te permite cobrar vida y «ser». Te revela las cosas tal como realmente son, en su estado natural y puro. Es completa en sí misma, por lo que no necesita nada, y te lleva a experimentar una sensación de plenitud.

En tus actividades diarias esta meditación te enseñará a ver más allá de la confusión y los problemas habituales, para que encuentres la serenidad. En una situación estresante es fácil perder el contacto contigo mismo. El cántico de la serenidad elimina el estrés y libera la energía serena que subyace en él. También puedes utilizarlo para reducir y transformar los obstáculos que siguen apareciendo en tu vida. El momento ideal para hacer esta meditación es al despertarte por la mañana, practícala al menos durante veinte minutos.

Chantal era una joven bailarina que vino a verme después de que le diagnosticaron un tumor cerebral. Sólo tenía veintidós años y había estado llevando una vida activa, divertida y excitante. Al principio no le dio importancia a los intermitentes estados de ceguera y entumecimiento que sufría, pero al empeorar los síntomas, se vio obligada a ir a ver a un médico. El diagnóstico fue devastador. Chantal te-

nía un tumor cerebral que no podía operarse y que estaba creciendo rápidamente. No le quedaba demasiado tiempo de vida.

Vino a verme en un estado de pánico y miedo. La animé a practicar la meditación sobre las doce clases de miedos a diario durante una semana, concentrándose en el miedo a la muerte, y a hacer a continuación la meditación de la serenidad. Le sugerí que después siguiera practicando ambas meditaciones dos veces al día.

Durante los meses siguientes las meditaciones la ayudaron a calmar sus miedos y a afrontar su enfermedad con serenidad. Sus verdaderos amigos no dejaron de apoyarla, y Chantal comprendió que aunque su cuerpo estaba enfermo, ella se sentía plena y bien en su interior.

Al morir, su estado era tan sereno que fue un bálsamo para la profunda desolación que su familia sentía al haber perdido a su única hija en la flor de la vida. Chantal descubrió la verdadera naturaleza de la calma y el bienestar interior, enseñando con su ejemplo a los demás a hacer lo mismo.

2

Ser tú mismo

Ser tú mismo es el mayor logro posible y lo que todos en el fondo deseamos alcanzar. Poder ser tú mismo, sin fingir en lo más mínimo ser otra persona, sin necesidad de protegerte con ninguna fachada, sin temer los enjuiciamientos de los demás, es la base para cualquier verdadero descubrimiento interior y exploración espiritual.

Empiezas a ser tú mismo al aceptar quién eres, quién has sido y quién serás. Cuando no puedes ser tú mismo, significa que tienes miedo, por eso el camino que lleva a la aceptación y a ser tú mismo empieza al liberarte de tus miedos. Cuando hayas transformado tus miedos en serenidad y puedas ser tú mismo de verdad, estarás preparado para tomar otro camino más avanzado: dejarás de ser aquello que eres para desarrollar todo tu potencial, dejarás de aceptar simplemente quién eres para convertirte en aquello que puedes llegar a ser.

El poder del miedo crea el deseo de apegarse a esta emoción. Para vencerlo tienes que perder los miedos que compartes con los demás y conseguir la libertad exenta de miedos de la persona que eres. Aunque esto requiere valor. Cuando lo consigas, empezarás a ser tú mismo y el miedo dejará de atenazarte. Al alcanzar este valiente estado podrás despertar las fuerzas espirituales del cambio. Lo puedes conseguir por medio del desarrollo interior, el trabajo, la profesión, la familia, la formación intelectual, el desarrollo emocional o el despertar espiritual, y también a través de la experiencia de un amor profundo.

En el primer capítulo he descrito la importancia de equilibrar la parte sabia y la parte alocada que hay en ti y de identificar cuál de las doce clases de miedos es la que más te afecta. En este capítulo descubrirás más cosas sobre cuándo y cómo has desarrollado tus miedos y cómo afectan a tu vida cotidiana impidiéndote ser tú mismo. También analizaré las siete edades del miedo —las etapas de la vida en las que adquiriste distintos miedos— para que comprendas cuándo surgieron en tu vida. Y, por último, hablaré de la felicidad: en qué consiste, hasta qué punto es importante, por qué son tantos los que la persiguen y el origen de la verdadera felicidad, que es conocer tu propio corazón.

ESCRIBE UN DIARIO

Para empezar a entender cómo tus miedos afectan a tu vida cotidiana, escribe un diario, de este modo podrás observar los altibajos que te producen. No lo escribas para perderte en tus temores, sino para distanciarte de ellos y observar cómo llegan y se van. Así aprenderás a conocer las clases de miedos que tienes, sus ciclos y cómo te impiden ser tú mismo.

Empieza escribiendo tu diario el día que prefieras y anota en él cada vez que sientas un miedo, ya sea pequeño o grande, y el contexto en el que aparece, por ejemplo, ¿surge en determinadas situaciones? ¿Implica a otras personas? ¿O se trata de un miedo interior que no tiene nada que ver con una situación exterior? Escribe el diario cada día durante un mes, sin releerlo ni analizarlo. Cuando este tiempo haya transcurrido, resérvate un rato tranquilo para leer todo el contenido del diario. ¿Qué información te ofrece? Quizá te muestre que en tu vida hay un patrón de miedo que se repite con regularidad. O tal vez te ayude a tomar conciencia de unos miedos que ignorabas tener. O a ver la forma en que te saboteas o desgastas a través del miedo.

Al escribir esta clase de diario podrás ver cómo dejas que el miedo, en cualquiera de sus formas, te impide ser tú mismo. A medida que vayas descubriendo cómo se manifiestan los patrones del miedo en ti y los factores causantes del miedo en tu vida cotidiana, empezarás a reconocer los impulsos que hay detrás de ellos. Lo cual constituye un enorme paso para cambiar tus impulsos y liberarte de tus miedos.

Cuando hayas examinado tu diario en profundidad y extraído su esencia, quémalo con una actitud serena y respetuosa, e imagina que las llamas purifican y transforman esta colección de patrones de miedo.

LAS SIETE EDADES DEL MIEDO

El miedo a ser tú mismo suele surgir a una edad muy temprana, y a no ser que lo superes y empieces a transformar y liberar esta clase de miedo, poco a poco irá influyendo cada vez más en tu vida, hasta el fin de tus días. Para comprender este aspecto del miedo, que es de primordial importancia, debes examinar el miedo que has experimentado en distintas etapas de tu vida.

La tradición bön tibetana divide estas experiencias en las siete edades del miedo. Las enseñanzas bön no consideran los miedos que desarrollamos como una falta, un pecado o una culpa, sino como un medio para afrontar lo desconocido y la fuerza de la ignorancia.

A continuación describo brevemente las siete edades del miedo, cada una de ellas va acompañada de una meditación para eliminar los miedos que has desarrollado en esa edad. Pero primero quiero ofrecerte una meditación poderosa, segura y útil para que la utilices como base para las meditaciones individuales de las siete edades del miedo.

Meditación sobre las siete edades del miedo

Al practicar esta meditación, empieza concentrándote en la edad que tienes ahora. Medita después sobre las anteriores etapas de tu existencia, en especial sobre aquellas en las que ocurrieron sucesos que transformaron tu vida o en las que fuiste infeliz. También puedes meditar en los años venideros y en lo que esperas alcanzar en ellos.

Siéntate cómodamente. Cierra los ojos. Respira lentamente, aunque con normalidad, concentrándote en el aire que entra y sale de tu cuerpo. Sigue con suavidad tu respiración durante varios minutos.

Visualiza ahora que tu cuerpo empieza a encogerse, poco a poco se va volviendo más pequeño, hasta que lo único que sientes son los latidos de tu corazón. Al llegar a este punto, deja que tu concentración se funda con la etapa de tu vida en la que estés trabajando.

Esta meditación no sólo te revelará tus miedos, lo que significan y cómo te influyen, sino también tus niveles de serenidad, satisfacción y bienestar, ya que, en la misma medida que tienes miedos, tienes también serenidad.

1. DE LA CONCEPCIÓN AL NACIMIENTO

Incluso antes de nacer, cuando estabas en el seno materno, podías ya ver, sentir, oír, tocar y saborear. Según las antiguas creencias tibetanas, cuando tenías veintiocho semanas también eras capaz de razonar, consciente e inconscientemente, y todo cuanto experimentaste en el mundo —tu mundo en aquel entonces— influyó en ti profundamente. Tus padres, sobre todo tu madre, te transmitieron sus preocupaciones, y éstas podrían haberse transformado ahora en los miedos que subyacen en tu personalidad. Para comprenderlo, observa cuál es tu mayor miedo, el miedo que te impide ser tú mismo. Lo más probable es que sea un miedo que desarrollaste mientras estabas en el útero materno y que esté conectado con lo que estaba ocurriendo en aquella época en la vida de tus padres.

Los miedos que desarrollaste en esa edad son el miedo a la confusión y a la incapacidad de centrarte y concentrarte, el miedo a no poder confiar en los demás y el miedo a lo desconocido.

Meditación sobre la vida en el seno materno

Después de meditar como te indico en la meditación general de la página 48, estarás preparado para dar el siguiente paso.

Empieza ahora a verte como un feto que se está formando. Deja que la etapa que va desde la concepción hasta el nacimiento vaya pasando mentalmente ante ti, escena a escena, e interrúmpela sólo cuando se manifieste algún miedo. Si esto ocurre, detente, nombra el miedo en voz alta, y anota luego esta emoción en tu diario y cómo te sientes en ese momento. Esto es todo cuanto debes hacer. Puedes repetir esta meditación las veces que quieras.

---

2. DEL NACIMIENTO A LOS SIETE AÑOS

En esta etapa de la infancia descubres los placeres y las limitaciones de los cinco sentidos y el poder de las emociones. Es la época en la que tomas conciencia del mundo mayor que te rodea. Durante estos años empiezas a ver que todo es impermanente y que existen el dolor y la muerte. Además aprendes que la vida cambia y que no siempre consigues lo que deseas. También es la época en la que desarrollas tu potencial intelectual y tomas conciencia de la felicidad y la infelicidad. Es una etapa en la que empiezas a sentir el mundo espiritual y el material. Los miedos que se desarrollan en esta época de la vida son la soledad, la indefensión, la inferioridad, la inseguridad, la sensación de poca valía y el miedo a la intimidad.

Meditación sobre la etapa que va del nacimiento a los siete años

Después de haber realizado la meditación general, concéntrate en la etapa que va del nacimiento a los siete años, viéndote como un recién nacido, como un niño pequeño y, por último, como un niño mayorcito. Deja mentalmente que cada año vaya pasando ante ti. De nuevo se presentará cualquier miedo importante que sentiste en aquella época de tu vida o cualquier situación que lo creó. Cuando el miedo aparezca, deja de meditar, nómbralo en voz alta y anótalo.

3. DE LOS SIETE A LOS CATORCE AÑOS

En esta etapa de la vida las emociones y el cuerpo empiezan a trabajar juntos. En ella es cuando empiezas a integrar el potencial emocional, espiritual, físico e intelectual que tienes, desarrollando tu personalidad y hábitos.

En esta época la mente se vuelve más racional e intenta descubrir el significado de las situaciones que experimentas en tu vida y en el mundo. Es la etapa, independientemente del género al que pertenezcas, en la que las grandes fuerzas femeninas del mundo natural se despiertan en ti, como las flores de azafrán de primavera que florecen tras brotar de una capa de nieve. Esta etapa se caracteriza por el despertar y la toma de conciencia.

Los miedos que se desarrollan en ella son la inseguridad, el miedo al mundo físico y al propio cuerpo, el conocimiento de un potencial sin desarrollar y una pobre comunicación. En esta etapa también puedes adquirir el miedo a los impulsos y conductas sexuales o la adicción a ellos. A esta edad es cuando tus miedos se graban con fuerza en las pautas conductuales que te guiarán más adelante en la vida.

Meditación sobre la etapa que va de los siete a los catorce años

Después de realizar la meditación general, deja que estos años pasen mentalmente ante ti, uno a uno. Conecta con los sueños que tenías a esa edad. Recuerda la poesía que surgía en tu alma, las maravillas del aprendizaje y los descubrimientos que experimentaste en tu vida. Reflexiona también sobre cuándo empezaste a comprender que el mundo que te rodeaba intentaba impedirte que fueras tú mismo. Observa cómo tus miedos desaparecen y recupera la sensación que tenías de ser tú mismo antes de que esos miedos surgieran.

4. DE LOS CATORCE A LOS VEINTIÚN AÑOS

Durante estos años el poder y los retos de tu individualidad son puestos a prueba y aparece el adulto en el que te convertirás. En estos años es cuando los miedos empiezan a limitarte y pueden impedirte llevar la vida que deseas. Es cuando aprendes a tener miedo y a ser consciente de tus temores. Es la época en la que el adulto que se está formando puede aprender a tener miedo y a no amar con todo su potencial. Estos años son cruciales, ya que pueden conducirte a cerrarte a los demás o empujarte a dejar atrás la etapa de la familia y la educación para llevar una vida que refleje tu potencial interior. Los miedos que surgen en esta época están relacionados con el sentimiento de tu propia identidad y con hacerte responsable de tus acciones, ya que en esta época se forma la conducta de adulto.

Meditación sobre la etapa que va de los catorce
a los veintiún años

Después de realizar la meditación general, concéntrate en tu corazón, sintiendo cómo late y conectándote con su ritmo. Deja que en tu corazón se manifiesten el perdón, una actitud abierta y el profundo deseo de explorarlo todo. Deja que vuelvan los recuerdos a tu cabeza y descubre las verdades de tu ser que están ocultas en tu corazón. Si te encuentras en esta etapa de la vida, deja que las cualidades adquiridas en esos años abran caminos nuevos de crecimiento interior para ti. No tengas miedo. Deja que tus temores desaparezcan para poder ser tú mismo.

5. DE LOS VEINTIUNO A LOS TREINTA Y UN AÑOS

En esta época es cuando sabes cómo actuar en el mundo. En ella la vida se torna una amiga o una serie de obstáculos, y los reveses de la vida se convierten en un catalizador para el cambio o en una perpetua referencia para el resentimiento y las heridas emocionales. En esta etapa, una forma poco hábil de pensar limita tus actitudes y oportunidades, ya que es la etapa en la que la mayoría empezamos a crecer. En la tradición bön sólo somos mayores de edad al cumplir los veintisiete años, ya que a esta edad es cuando el espíritu, el cuerpo y la mente aprenden a cooperar. Es cuando descubres el arte de madurar y aprendes las lecciones duraderas de la vida en pareja, de las relaciones y del amor que necesitas dar a los demás para beneficiarte de tu experiencia humana. En esta etapa de la vida, el miedo a la impermanencia es el más fuerte. Este temor puede hacer que en tu interior sientas pánico y la sensación de no tener el tiempo suficiente como para hacer todo lo que deseas realizar en la vida. En esta época también es habitual desarrollar el miedo a perder la juventud y a estar solo en este mundo.

Meditación sobre la etapa que va de los veintiuno a los treinta y un años

Después de haber practicado la meditación general, siente los latidos de tu corazón y deja que la experiencia que tuviste en esta etapa de la vida fluya libremente en él. Reconoce los miedos que sentiste en aquel tiempo y percibe que te ayudaron a aprender y a crecer. Ha llegado el momento de comprender lo que experimentaste entonces y de dejar de apegarte a ello, percibe cómo tus miedos desaparecen y tu mente se vuelve fuerte, clara y serena.

6. DE LOS TREINTA Y UNO A LOS SESENTA Y UN AÑOS

En esta etapa de la vida expresas lo que sabes y descubres lo que ignoras. En ella buscas las verdades de la vida y creces, creando y acumulando recursos, y ayudando con ellos y con tus experiencias a tu familia y a la comunidad a la que perteneces. En esta época acumulamos sabiduría, pero también es en ella cuando dejamos que los miedos más nos afecten, y los miedos irresueltos del pasado vuelven a aparecer en las situaciones de tu experiencia presente.

En esta etapa es cuando más aprendes que todo aquello que te importa en la vida es impermanente, y si no eres capaz de aceptarlo, puedes acabar sintiendo un gran miedo a la pérdida y a la muerte.

Meditación sobre la etapa que va de los treinta y uno a los sesenta y un años

---

En esta meditación aceptas el pasado y lo que puede enseñarte. Después de haber realizado la meditación general, concéntrate en tu corazón. Sé consciente de la naturaleza de tu miedo y de cómo ha contribuido en tu elección del camino que sigues en tu vida. Disuelve ahora estos miedos en tu corazón, siente la aceptación que surge de esta meditación y reconócela.

---

7. DE LOS SESENTA Y UN AÑOS A LA MUERTE

En Occidente esta etapa se denomina a veces el «ocaso de la vida». Pero esto es ridículo, ya que son los recién nacidos los que están en el ocaso al descender de una conciencia más inmensa a una confusa y ambivalente experiencia sensorial. Para las personas mayores, esta etapa es fundamental para despertar, transformarse y adquirir fuerza interior. Tanto si tu miedo ha aumentado como si ha disminuido, o tanto si te sientes a gusto con quien eres como si no, no es una época de resignación, sino de acción a través de la contemplación, de compartir tus experiencias con los demás y de conocer tu propia valía.

Si te da miedo ser tú mismo, esta etapa de la vida es el momento perfecto para superarlo, porque entonces podrás morir de una forma más sencilla y feliz. La muerte es una experiencia personal que todos tendremos que pasar solos algún día y nuestro estado de miedo, serenidad o aceptación influirá mucho en nuestra forma de morir. Tus temores sin resolver te acompañarán al morir y en la muerte, por eso es mucho mejor que transformes tus miedos antes de morir.

Meditación sobre la etapa que va de los sesenta y un años a la muerte

Después de haber realizado la meditación general, concéntrate en los latidos de tu corazón. Podrían detenerse en cualquier momento y, sin embargo, cada latido es una llamada para que despiertes y descubras el misterio de la vida y el papel que tu existencia tiene en el todo del que formas parte. Despréndete de tus miedos ahora y percibe cómo desaparecen en tu interior. Ante ti tienes la mayor aventura de todas: poder vislumbrar por primera vez la clara luz de la eternidad. Así que concentra la fuerza interior que hay en ti. Deja que tu fuerza interior se disuelva en tu corazón, en él es donde encontrarás el latir de la vida.

Darla, una mujer joven, vino a verme muy angustiada. Tenía una exitosa carrera en el mundo del espectáculo y era una cara muy conocida, la reconocí en cuanto la vi, pero estaba consumida por el miedo. Su fama y fortuna sólo habían aumentado el miedo que tenía a perderlo todo y a acabar arruinada y sola.

Mientras conversábamos, enseguida me comentó que a los diez años había perdido a su madre en un accidente de coche y que su vida había cambiado de la noche a la mañana. Al dejarla su padre al cuidado de unos parientes, porque se sentía incapaz de ocuparse de ella, todo su mundo se vino abajo, con lo que se sintió terriblemente insegura y abandonada.

Le enseñé a Darla la meditación sobre la etapa que va de los siete a los catorce años y le sugerí que la realizara a diario durante veinte minutos a lo largo de tres meses.

Cuando Darla volvió a verme, era una mujer totalmente distinta. Tenía una expresión más dulce y abierta, sonreía más a menudo y hablaba con más confianza. Me contó que mientras meditaba sobre su miedo a perder a un ser querido y al abandono había comprendido por qué le daba tanto miedo ser ella misma. Había comprendido que al intentar evitar ser ella misma había acabado creando su personalidad del mundo del espectáculo, una glamurosa fachada tras la que ocultarse, para que nadie viera cómo era ella en realidad.

La transformación de Darla había empezado. Durante los meses siguientes se sintió más tranquila y con más confianza en sí misma. En lugar de estar todo el tiempo dedicada al mundo del espectáculo, decidió reservar un tiempo para estar con sus seres queridos y trabajar con niños pequeños que habían perdido a sus padres al igual que ella.

En la actualidad Darla se siente segura en el mundo de un modo que no se había sentido desde la muerte de su madre. Ahora es una persona completa, equilibrada y muy cálida, que tiene el control de su vida y que es feliz siendo ella misma.

Harry, un hombre de sesenta y nueve años, vino a verme después de que su única hija, que estaba en la treintena, muriera tras ser atropellada por un conductor que se había dado a la fuga. La mujer de Harry había fallecido de cáncer pocos años antes.

La muerte de su hija le había destrozado anímicamente. Tenía miedo a estar solo, miedo a vivir y a morir, y estaba tan angustiado que se había quedado atrapado en su reacción temerosa ante la tragedia ocurrida en su vida.

Le di un tratamiento para la angustia y le pedí que empezara a hacer la meditación sobre la etapa que va de los sesenta y un años a la muerte. Al mismo tiempo le animé a que pidiera a los amigos y a la familia que le apoyaran y que hablara con un psicólogo del dolor que le había causado la muerte de su hija.

Armándose de valor, Harry hizo todas estas cosas y poco a poco su mente fue encontrando un poco de paz. Su miedo a la muerte —tanto a la suya como a la de los seres queridos— disminuyó, y fue capaz de afrontar la vida con una actitud más positiva.

Un año después de la muerte de su hija, Harry se sintió lo bastante animado como para empezar a salir con amigos y planear un viaje al extranjero. Aunque sin duda seguía pensando en su mujer y en su hija, pudo vivir su vida con optimismo y tranquilidad, sin sentirse destrozado por lo que le había ocurrido.

EL MIEDO EN LOS HOMBRES Y EN LAS MUJERES

En este punto es importante tener en cuenta que los hombres afrontan el miedo de distinta forma que las mujeres, tanto al sentirlo como al expresarlo.

Las enseñanzas bön dicen que los hombres expresan el miedo de una forma no verbal a través de sus cuerpos y que la sociedad les anima a intentar reprimirlo activamente. En cambio las mujeres lo expresan a través de todo su ser, dejando que esta emoción las embargue por completo. Estos distintos modos de experimentar el miedo son los que producen los malentendidos y los conflictos entre los sexos. Las poderosas fuerzas del miedo crean una confusión oculta entre los hombres y las mujeres. Los miedos intangibles influyen en ambos sexos por igual, pero los hombres los expresan indirectamente, en cambio las mujeres sienten una manifestación física directa de él y lo transfieren al mundo material a través de los pensamientos, las acciones, las ideas, las situaciones o los objetos.

Por eso, según las enseñanzas bön, es mejor seguir la expresión femenina del miedo y, al manifestarla, cambiarla. Este proceso hace que el miedo pierda su fuerza y transforma en comprensión el poder latente que hay en él. Así que, tanto si eres hombre como mujer, para vencer el miedo a ser tú mismo, es importante saber si estás en armonía con las fuerzas femeninas del mundo natural, ya que es la fuerza curativa para esta clase de miedo.

CONOCE TU PROPIO CORAZÓN

El secreto para ser realmente tú mismo está en conocer tu propio corazón y en dejarte guiar por él. ¿Has experimentando en algún momento o situación la sensación de que los demás no querían que siguieras los dictados de tu corazón? ¿Cuándo te impidieron expresar lo que sentías o hacer lo que deseabas realizar? Si has pasado por ello, tómate el tiempo necesario para reflexionar sobre cómo te hizo sentir aquello.

Aunque los demás lo hicieran con la mejor intención del mundo, te impidieron seguir lo que tu corazón deseaba y ser tú mismo, y esta experiencia es a menudo dolorosa. Cuando te impiden seguir los dictados de tu corazón y ser tú mismo, te empequeñeces y aprendes a reprimirte y a no confiar en tu propio criterio. En cambio, cuando te animan a ser tú mismo, tu sabiduría, comprensión y alegría aumentan.

La experiencia de dejarte guiar por tu corazón es poderosa y dinámica y te hace ir más allá de las antiguas fronteras de la experiencia. Cuando aprendes a leer tu propio corazón, comprendes de manera natural el de los demás, ya que todos los corazones están vinculados y laten al mismo ritmo. Por eso seguir los deseos de tu corazón es también ser más sabio, compasivo y generoso con los demás.

Conocer tu corazón es saber qué es lo que te hace ser quien eres. Es conocer la razón por la que deseas vivir. Una de las formas de conocer tu propio corazón es estar en la naturaleza y contemplarla no con tus ojos, sino con la comprensión de tu corazón. Tu corazón se vuelve entonces el verdadero ojo en el mundo.

En el mundo actual no siempre es fácil conocer o seguir los deseos de tu corazón. Hay mucha gente que sabe en su corazón lo que es correcto, pero que duda a la hora de seguir sus dictados y espera a que los demás actúen primero y les tomen la delantera. Y al final cada persona espera a que actúe primero otra y lo único que ocurre es una larga espera. De modo que sé valiente y déjate guiar por tu corazón, aunque esto signifique dar la cara por tus principios. Te conocerás mejor a ti mismo cuando tu corazón se inspire en los ideales y en las creencias que te ayudan a ser una persona serena y sencilla. Y cuanto más sigas tu corazón y más te conozcas, más los demás verán la belleza de tu conducta y se sentirán atraídos por ti. Si vives tu vida con compasión, amas a los demás y te dejas guiar por la pura y clara voz del corazón, tu espíritu crecerá. Y al hacerlo dejarás de ser simplemente —de reaccionar de forma impulsiva— y te convertirás en quien de verdad eres, es entonces cuando la vida estará contigo y en ti. Dejarás de ser arrastrado por la corriente de la vida para convertirte en parte de ella.

LA BÚSQUEDA DE LA FELICIDAD

La idea de que queremos ser felices o de que merecemos serlo, o que debemos intentar por todos los medios alcanzar la felicidad es muy reciente. Hasta hace poco la gente tenía que luchar para sobrevivir. Estaba demasiado ocupada intentando cubrir las necesidades básicas para alimentarse y tener un lugar en el que protegerse del frío como para poder pensar en la felicidad.

En la actualidad, en cambio, en muchos lugares del mundo reina la paz, la gente vive más tiempo, lleva una vida más sana y disfruta de una mejora en los derechos humanos y de más libertad, lo cual se debe a la creciente prosperidad de los últimos 120 años.

Muchas personas, sobre todo en Occidente, debemos esforzarnos muy poco para cubrir las necesidades básicas y podemos darnos el lujo de pensar en otras cosas que deseamos o que nos gustaría tener. Los seres humanos solemos perseguir una buena posición económica y hemos desarrollado una cultura de «cuanto más mejor» en la que intentamos adquirir más bienes materiales, seguridad y felicidad.

La ironía del caso es que, a pesar de esto, hoy somos menos felices y tenemos más miedo que hace cincuenta años. En el pasado la gente no pensaba en ser feliz, en cambio ahora somos en general infelices porque nuestra situación económica más holgada nos produce un nuevo nivel de ansiedad. Ahora que vivimos en una época en la que menos necesidad tenemos de preocuparnos, es cuando más lo hacemos.

Cuantos más objetos y bienes materiales adquirimos y deseamos, más miedo nos da vivir sin ellos y menos capaces somos de concentrarnos en nuestro crecimiento espiritual. Y cuanto menos nos concentramos en él, más nos separamos de nuestro yo interior y más miedo sentimos.

Junto con la riqueza material esperamos que nos llegue la felicidad y queremos conseguirla al instante. En la actualidad, en los países occidentales se produce más comida de la que se puede consumir, cada pequeño lujo se considera necesario y estamos bombardeados por un sinfín de productos y servicios. Esta situación crea descontento, por eso buscamos la «felicidad» como un antídoto.

Intentamos encontrar la felicidad en el exterior —yendo de vacaciones, adquiriendo un coche o una casa, manteniendo una nueva relación sentimental— y cambiamos enseguida aquello que creemos nos hace «infelices», tanto si se trata de nuestra pareja como de una prenda de vestir. Reclamamos aquello que hemos decidido alcanzar, sea lo que sea, y envidiamos a los que parecen haberlo obtenido. Creemos que si somos más ricos, más delgados, si nos divorciamos, si nos quitamos años de encima, si nos volvemos más espontáneos, más sanos, si nos casamos, si tenemos un hijo o si nos ascienden en el trabajo, seremos felices. Pero lo único que ocurre es que nos quedamos atrapados en nuestros problemas.

Cuanto más nos alejamos de nuestra naturaleza espiritual rodeándonos de comodidades, más fuerte se vuelve nuestro miedo a vivir. Más difícil nos resulta disfrutar de nuestra propia compañía y recurrir menos al consumismo y a la gratificación de los sentidos para no sentir nuestra falta de serenidad. El consumismo y la gratificación de los sentidos ocupan por supuesto un lugar en la vida —existen desde la aparición de la civilización—, pero en el mundo «de la inmediatez» actual cada uno de nosotros debemos elegir con más cuidado y actuar con más discernimiento. En la actualidad sabemos menos cosas acerca de nuestro mundo, de nuestras comunidades locales, de nuestra forma de vivir y de las relaciones humanas que nuestros tatarabuelos y abuelos, y en la época actual es cuando con más facilidad que nunca podemos perder el contacto con nuestro ser.

Entre lo que el mundo material nos promete y lo que realmente nos da hay un abismo. Cuanta más riqueza hay en el mundo, menos felices somos y más miedo tenemos, porque cuanta más gente hay que se siente insatisfecha y que intenta remediar esta sensación con soluciones rápidas y superficiales, más difunde su miedo en un mundo que ya es frágil de por sí, un miedo que surge al alejarnos de nuestra naturaleza interior y del mundo natural.

Sin embargo, están empezando a ocurrir cambios. A medida que la infelicidad aumenta, se incrementa el miedo que la causa. Poco a poco los bienes materiales y el poder dejan de atraernos al comprender que no son la respuesta, y en la actualidad mucha gente está cambiando su estilo de vida e intentando vivir de una forma más sabia. En todas partes del mundo la gente está tratando de dar sentido a su vida y empezando a seguir un camino espiritual. En nuestro mundo se está produciendo una transición: de la necesidad de sobrevivir que tenían nuestros antepasados, hemos pasado ahora a la necesidad de dar sentido a la vida y de autorrealizarnos.

ENCONTRAR LA FELICIDAD

La felicidad en la vida cotidiana es como las olas del mar: surge, desaparece, vuelve a surgir y nunca perdura. La felicidad nace de la clara luz de la conciencia que hay en nuestro interior. Pero

como a menudo no nos conocemos a nosotros mismos, buscamos la felicidad fuera, sin ver que las respuestas que andamos
buscando se encuentran dentro de nosotros.

Según las enseñanzas bön, puedes aprender a ser feliz y a
conservar esta felicidad. Cuando cures tus miedos, la felicidad
aparecerá, porque al alcanzar la serenidad alcanzarás también la
felicidad. Y al curar tus miedos reconocerás que la felicidad no se
encuentra fuera de ti ni en el futuro, sino ahí donde estás, en el
presente. Lo único que tienes que hacer es invitarla a surgir en tu
corazón.

Esta clase de felicidad es duradera. Está presente tanto si tienes un buen día como uno malo, tanto si las cosas te van bien
como si te van mal. Forma parte de ti, siempre está contigo, ocurra lo que ocurra a tu alrededor, depende sólo de ti y no de las circunstancias.

La felicidad no es un lujo inalcanzable. Ser feliz es tu estado
natural. Los maestros bön han estado enseñando durante miles
de años que al transformar el cuerpo y la mente, la felicidad surge de nuestros recursos internos. Según la sabiduría tibetana,
puedes cambiar tu cerebro y el sistema nervioso central para liberar de manera segura la felicidad interior que está esperando
ser descubierta. Está almacenada en ti como energía. Los últimos
descubrimientos neurológicos —el estudio del cerebro y del sistema nervioso— lo confirman y demuestran que la felicidad
puede captarse a través de los cambios cerebrales y es un estado
real que se alcanza con facilidad. Cuando eres infeliz, sufres. Y
este estado afecta entonces negativamente a tu salud, energía, trabajo y relaciones. Por eso alcanzar la felicidad es una clase de sabiduría: la sabiduría de sobrevivir hábilmente y sin agresividad.

Los que comprenden en qué consiste la verdadera felicidad
saben que, en lugar de concentrarse en sus problemas para inten-

tar resolverlos, deben descubrir todos los cambios que pueden hacer y transformar estas posibilidades en realidad. Sólo al hacerlo ya estarán creando felicidad.

Otro sistema para ser felices es conectar con los demás de una forma directa conversando, compartiendo actividades y desempeñando un papel en la comunidad de la que formamos parte. Del mismo modo, nuestro bienestar interior no depende de cosas complicadas sino sencillas como hacer ejercicio, dormir, mantener relaciones estrechas, disfrutar de la amistad, afrontar la vida con optimismo y ser conscientes de las propias emociones. El perdón y la fraternidad crean felicidad. El aumento de la infelicidad en la sociedad occidental, caracterizada por el estrés crónico, el descontento y el aburrimiento, está creando una enfermedad autoinmune espiritual que corroe nuestra integridad personal y social.

Es más importante ser feliz en el presente que intentar elaborar un complicado e importante plan para ser feliz en el futuro. La felicidad no funciona así, sino que es la hebra que hilvana los instantes que se van sucediendo en tu vida. Cuanto más intentes hacer que la felicidad dure, menos tenderá a ocurrir. Si aprendes a disfrutar simplemente de un momento de felicidad, se convertirá en parte de esta hebra y perdurará.

Lleva la felicidad a tu vida compartiéndola. Si hablas sobre ella e intentas hacer que los demás sean felices, la felicidad acabará apareciendo por sí sola en tu vida. Y a medida que vayas siendo más feliz, tendrás menos miedo y llevarás una vida más serena.

La felicidad es en el fondo una elección personal. Depende de lo preparado que estés para ver el mundo y del papel que desempeñes en él. ¿Tienes el valor para trascender tus miedos y aceptar los cambios interiores para liberar el potencial de la felicidad que hay en ti? La felicidad es indestructible. Al igual que la serenidad, se encuentra dentro de ti, esperando a ser liberada. Depende de que estés dispuesto a recibirla en tu vida y no de un cambio material o circunstancial que ocurra en ella.

Meditación para crear felicidad

La meditación no es algo que haces, sino el descubrimiento y la manifestación de un estado natural de conciencia y la expresión de este estado. Esta meditación te permitirá liberar la felicidad que hay en ti y expresarla de la forma correcta, para que se cree y recree constantemente a sí misma en tu vida.

Siéntate en una postura cómoda y cierra los ojos. Concéntrate en la respiración: respira con naturalidad, sin forzar la inspiración y la espiración. Mientras eres consciente de ellas, imagina que tu respiración crea un conducto brillante que se extiende desde la nariz hasta el centro de tu corazón. Mientras respiras el corazón te late y una energía azul brillante surge de él, asciende y se mezcla con el aire que entra y sale de tu cuerpo. Visualiza ahora que estás rodeado por una neblina azul brillante de energía y que la absorbes a través de la piel y del cuerpo. Siente cómo la neblina azul te impregna por completo. Al impregnarte de ella sientes en tu corazón una gran oleada de felicidad que inunda todo tu ser. Ahora estás inmerso en la felicidad. La neblina azul fluye después como un gran torrente de tu corazón, se mezcla con el aire que respiras y una interminable y continua cascada luminosa cae sobre ti. Deja que te impregne por completo.

Michael y Sherry eran una pareja que no sabía ser feliz. Llevaban quince años casados y la mayoría del tiempo habían sido muy desdichados juntos. Y, sin embargo, me dijeron que no soportaban la idea de separarse. Todo lo demás les iba bien en la vida: no tenían problemas económicos ni ninguna razón evidente para sentirse infelices, salvo por la vaga sensación de descontento que flotaba entre ellos. Habían adquirido la costumbre de discutir y se menospreciaban mutuamente.

Les pedí que hicieran la meditación para crear felicidad por separado durante un mes. Durante ese tiempo no podían discutir entre ellos, sólo debían practicar la meditación y observar sus propias reacciones. También les pedí que durante este periodo acordaran tratarse con respeto y bondad. En los momentos en los que no pudieran hacerlo, les dije que estuvieran un rato separados en lugar de discutir.

Al cabo de un mes vinieron a verme para contarme sus progresos. Los dos se sentían más tranquilos, alegres y positivos sobre su matrimonio. Después de practicar la meditación y tratarse con respeto y bondad durante dos meses más, me contaron que ambos habían experimentado un gran cambio en su relación.

Michael y Sherry aprendieron que la infelicidad puede convertirse en un hábito que, al igual que los otros, cuesta perder. Sólo te liberarás del hábito de ser infeliz cuando te concentres con regularidad en la felicidad.

3

Los demás

Los demás son nuestro mayor reto en la vida, ya que estamos tan vinculados a ellos que en el fondo somos todos lo mismo. Los demás son simplemente tú mismo bajo otro disfraz y tú inconscientemente te buscas en ellos. Intentas encontrar en las acciones de los demás el sentido de tu vida y a través de sus pensamientos y acciones es como adquieres comprensión, amor, poder, compasión, miedo, libertad y serenidad.

Si pudieras descubrir qué es lo que tienes en común con los demás, verías que al relacionarte con ellos cada día se dan innumerables oportunidades de vivir con serenidad y sin miedo, por más breves que sean los intercambios que mantienes con ellos. Sin embargo, con demasiada frecuencia desaprovechamos esas oportunidades, en lugar de ver lo que tenemos en común con los demás, sólo vemos aquello que nos divide y que nos produce miedo, desconfianza y hostilidad.

Si deseas encontrar la serenidad en tu vida, es esencial que comprendas la relación que mantienes con los demás. En este capítulo explicaré cómo cada uno de nosotros está conectado con todas las personas del planeta y cómo podemos aprender a conocernos al observar y comprender los pensamientos y las acciones de los demás. Al comprender la poderosa conexión que hay entre tú y los demás, la vida empieza a cobrar sentido. Los demás son tus maestros espirituales, y si estás dispuesto a aprender de ellos, pueden enseñarte el camino que lleva al crecimiento, a la comprensión y a la liberación del miedo.

Las personas que están presentes en tu vida cotidiana, como las de cualquier área de la vida —el trabajo, los amigos, la familia, los vecinos y las personas de la comunidad de la que formas parte—, representan la conexión que más necesitas comprender. Estas personas que ves a diario o con las que vives son las puertas que te llevan a una mayor comprensión. Es importante que las incluyas en tus pensamientos con respeto y alegría, sabiendo que a través de la relación que mantienes con ellas aprenderás y crecerás tanto espiritual como emocionalmente. Transmitir respeto y bondad no siempre es fácil, sobre todo en las relaciones con aquellas personas que te parecen problemáticas o difíciles. Sin embargo, estas conexiones son a menudo las que te ofrecen las mejores oportunidades para aprender. Cada ser humano es un milagro, aunque con demasiada frecuencia el miedo nos impide creer en los milagros.

Según la tradición bön las relaciones que establecemos con los demás y, por supuesto, con nosotros mismos están condensadas en los denominados «once caminos de la experiencia humana». Estos once caminos son meditaciones sobre la naturaleza humana que sirven para conocerse mejor a uno mismo y conocer mejor a los demás.

Más adelante describiré en este capítulo los once caminos con más detalle. Por el momento, me gustaría que observaras con detenimiento y sin prisas la lista de los caminos y que averiguaras cómo los demás te han afectado más profundamente en cada una de estas áreas. Deja que evoquen en ti recuerdos de experiencias, esperanzas, aspiraciones, logros, fracasos, pérdidas y amores.

1. Trabajo.
2. Amor, compasión y bondad.
3. Ira y ansiedad.
4. Enfermedades.
5. Familia.
6. Amistad.
7. Autoestima.
8. Integridad.
9. Perdón.
10. Desarrollo espiritual.
11. Vida cotidiana.

EL MIEDO QUE TODOS COMPARTIMOS

Con demasiada frecuencia, en lugar de fijarnos en lo que tenemos en común con los demás, nos fijamos en nuestras diferencias. En lugar de fijarnos en lo que nos une, nos fijamos en lo que nos separa. En lugar de relacionarnos con los demás con una actitud afectuosa, lo hacemos con desconfianza, hostilidad o dudas porque en el fondo tenemos miedo, y nos fijamos en los aspectos torpes y negativos para fortalecer ese temor. El miedo nos mantiene atados a determinadas situaciones y hábitos materiales, por eso sentimos ansiedad. La ansiedad es el aspecto aceptable del miedo. Decimos que sentimos ansiedad, pero en el fondo lo que ocurre es que simplemente estamos asustados. La ansiedad está más presente en la actualidad que en ninguna otra época de la historia. Vivimos en tiempos llenos de ansiedad, y esto significa que el miedo se está convirtiendo en una parte normal de la vida para muchas personas. Esperamos tener miedo y nos olvidamos de cómo no tenerlo. Nos parece que la serenidad y el equilibrio cuestan demasiado de alcanzar.

Tener más dinero y bienes materiales nos está creando en realidad más ansiedad. Y mucha gente, en su atemorizado y ansioso estado, busca soluciones para librarse de su miedo. En lugar de aceptarlo, con los regalos de la gran energía y concienciación que nos ofrece, y transformarlo en serenidad, intenta luchar contra él. A medida que la gente busca soluciones a los problemas de la vida actual, que surgen de la falta de equilibrio entre los impulsos sabios y los alocados, las soluciones fáciles se han vuelto muy populares en el mundo moderno. Algunas personas deciden combatir el miedo con una espiritualidad fácil en la que la sabiduría es en el fondo oropel y la serenidad, pasividad. La espiritualidad fácil es una creación moderna que empezó a formarse en la nueva era de finales del siglo XX. Aunque intente ayudar a la gente a manejar sus emociones, en realidad sólo fomenta la inseguridad y la sensación de necesidad. La espiritualidad fácil, pese a producir una sensación de tranquilidad a quien cree en ella, no elimina los miedos, porque es en sí misma una especie de miedo. La espiritualidad se ha puesto de moda y es necesaria cuando comprendemos que en nuestra vida hay un gran vacío. La espiritualidad y el bienestar emocional son hoy día tan importantes en la imaginación popular como la última tendencia en la moda o como los consejos sobre las profesiones o las relaciones humanas. Pero al verlos sólo como una moda más, el miedo se apodera de nosotros y la espiritualidad se convierte en neurosis y ansiedad. Para progresar de veras en la vida debes curar el miedo y activar la serenidad. Y el miedo lo curarás al vivir en el mundo real de la vida cotidiana y encontrar la serenidad en la esencia de lo ordinario. Aunque lograrlo requiere tiempo.

Una de las mejores formas de vencer la ansiedad y, por tanto, el miedo es conectar con las personas que te alimentan, enriquecen y enseñan, en lugar de intentar poseer más cosas, ganar más dinero y buscar la «seguridad» en los objetos materiales o recurrir a una espiritualidad fácil.

El miedo se puede transformar a través de la amistad. Un verdadero amigo es aquella persona que, en vez de ofrecerte consejos, soluciones o remedios, está dispuesta a compartir tu dolor y tus heridas emocionales. Que sabe escucharte en silencio cuando estás desesperado o confundido, y que está a tu lado en los momentos de dolor y de duelo. Que puede soportar no saber cómo solucionar tu problema y que te apoya. Esta clase de amigo es un verdadero regalo, porque te permite conocerte mejor, vencer tus miedos y experimentar directamente la serenidad.

Al igual que una persona puede transformarse por medio de la fuerza de otra que cree en ella, el miedo puede transformarse en serenidad a través de la fuerza de una creencia positiva. En realidad, creer constantemente en la bondad de los demás es la transformación del miedo en serenidad. Y ante la serenidad, el miedo pierde su fuerza y evoluciona en conocimiento, amor y comprensión.

LAS ENFERMEDADES Y LA MUERTE

Cuando estamos enfermos necesitamos en especial a los demás. Nos da miedo poder tener una grave enfermedad porque nos obliga a reconocer nuestra vulnerabilidad. Nos obliga a aceptar que estamos enfermos. La única elección es aceptar la enfermedad y decidir curarla, o entregarnos al miedo a lo desconocido y morir. Y tanto si elegimos una cosa como la otra necesitamos a los demás para que nos ayuden a curarnos y a vivir, o a morir.

Las semillas de la salud se encuentran en cada enfermedad y estas semillas son el miedo y la serenidad. No sólo nos ofrecen información sobre las enfermedades y la salud, sino también sobre la vida y lo que ésta es en realidad. Cuando alguien contrae una enfermedad grave o leve, ¿cuál es tu reacción? Al reaccionar a la enfermedad de alguien, estás reaccionando a la misma enfermedad que hay dentro de ti. La reacción que tienes ante ella te dice hasta qué punto te identificas con la enfermedad y te asusta. Las enfermedades nos recuerdan que somos frágiles y que podemos morir fácilmente.

La enfermedad es información, por eso tus miedos a las enfermedades y a la salud se convierten en un almacén de conocimiento de ti mismo si estás dispuesto a analizarlos. En la esencia de esos miedos se encuentra la serenidad, y si estás dispuesto a aceptar las enfermedades y a aprender de ellas, tus miedos desaparecerán y sentirás la serenidad que te lleva a recuperar la salud.

La serenidad también transforma la experiencia de la muerte. Si vives la vida basándote en tu conexión con la serenidad, en lugar de creer que la muerte es el fin o un acontecimiento horrible, la enfermedad e incluso la muerte se convierten en una oportunidad para pararte a pensar.

Mi maestro permanecía sentado junto al fuego. Los árboles pururi se alzaban a nuestro alrededor, iluminados por la veteada luz algunos se veían nudosos y retorcidos, y otros derechos y umbríos. El bosque transmitía el silencio del profundo bosque de Nueva Zelanda: no era una ausencia de ruido, sino una puerta que conducía a la serenidad. Mi maestro acababa de enseñarme que todo está conectado.

Yo sostenía una cuchara en la mano.

—¿O sea que esta cuchara está conectada con todas las otras cucharas del mundo? — le pregunté.

—No —me respondió—. No por sí misma, sino a través de la idea de que la cuchara sirve para lo que sirve. Esto es lo que la conecta con las otras cucharas y lo que hace que sea tan especial y tan

corriente al mismo tiempo. Con la gente ocurre lo mismo. Una cuchara es feliz haciendo lo que mejor sabe hacer, al igual que nosotros lo somos haciendo lo que mejor se nos da.

—*¿Te estás refiriendo a un trabajo o a una creencia?* —le pregunté.

—*Ni a una cosa ni a otra* —me respondió—. *Me refiero a que cuando nos volvemos humanos, descubrimos que esto es lo que estábamos destinados a hacer en este mundo. Simplemente a ser humanos. Este estado no implica creer en él, sino que es nuestra propia naturaleza y está imbuido de serenidad de manera natural.*

El arroyo que corría frente a nosotros se volvió de pronto ensordecedor, al igual que los altos árboles pururi que crecían derechos hacia el cielo. Las palabras de mi maestro quedaron flotando en el aire.

PERMÍTETE SER HUMANO

La enseñanza que me dio mi maestro sobre la importancia de manifestar mi humanidad no se ha separado de mí. Al permitirte ser humano empiezas a recorrer el camino que lleva a la serenidad y manifiestas tu humanidad cuando dejas que la sensación de aislamiento y soledad que hay en ti desaparezca al compartir tus experiencias con los demás. De esta forma tu miedo empieza a curarse.

Lo primero que debes hacer es disfrutar de los demás tal como son y reconocer que, a través de la persona con la que estás interactuando, la serenidad fluye directamente hacia ti. El placer que te produce esta interacción se convierte entonces en amor por tus semejantes, una fuerza poderosa que nos une a los unos con los otros.

Nos olvidamos del poder que contiene la palabra «vida». La vida de cada uno de nosotros está llena de maravillas. Todos tenemos la capacidad de experimentarlas cada día que tomamos parte en ella. No lo olvides, no te dejes llevar por los hábitos ni por la confusión, ni por el olvido emocional: en todo ello se oculta el miedo.

¿Has caminado alguna vez por la calle viendo a cada persona con la que te cruzabas como un amigo? ¿Percibiste qué es lo que sintió o experimentó esa persona al cruzarse contigo? El miedo te pide que no lo hagas. La serenidad en cambio te asegura que sí puedes hacerlo. Si ves el mundo como un lugar lleno de amigos, en ese caso ninguna ciudad te resultará extraña, ni ninguna persona será un desconocido para ti. Si empiezas a curar tu propio miedo ofreciendo tu amistad a los demás, esta actitud te ayudará a curar el miedo que ellos te causan. Y a medida que experimentes serenidad, a los demás también les ocurrirá lo mismo.

Nuestros semejantes nos ofrecen, simplemente por el hecho de existir, un montón de oportunidades para dar y recibir amor de toda clase de formas, desde la inesperada amabilidad de un desconocido, hasta el amor que recibes de una persona especial.

DESPIERTA LA SERENIDAD QUE HAY EN TI

Todas las lecciones de la vida nos llegan a través de los pensamientos, las acciones y los actos de los demás. Y para sentir amor y compasión hacia los demás, todo cuanto necesitas es estar sereno.

La siguiente invocación te permitirá despertar la serenidad que hay en ti. Siéntate en un espacio tranquilo y recítala en voz alta. Mientras lo haces, intenta evocar los recuerdos que tuviste al pensar en cada uno de los once caminos de la experiencia humana. Al recitar las palabras de la invocación, la serenidad que hay en ti despertará, revelándote todas tus vivencias sobre los once caminos de la experiencia humana, tus miedos desaparecerán y podrás sentir directamente la serenidad.

Escúchate mientras recitas cada palabra. Haz una pausa entre una y otra para inhalar y exhalar. Considera la importancia que tienen y recítalas de una forma concentrada y directa. No sólo estás consolidando estas palabras en ti, sino que además las estás dirigiendo con tu fuerza mental y tu atención para que se vuelvan reales en el mundo cotidiano. Al realizarlo, experimentarás directamente lo que todos al final debemos afrontar: convertirnos en nuestra propia verdad, la verdad de la experiencia humana, que fluye libremente a través de todos.

Invocación para despertar la serenidad: un recordatorio diario para el conocimiento de uno mismo

En el fondo no es importante cómo me gano la vida,
lo que debo saber es lo que mi corazón desea.
¿Me atrevo a pensar en enfrentarme a los anhelos de mi corazón?
Lo importante no es la edad que tengo,
sino que esté preparado para parecer un loco
al desear alcanzar mis sueños e ideas,
el amor
y la gran aventura de estar vivo.

Lo importante no es el signo astrológico bajo el cual nací,
sino que conozca
las profundidades espirituales y emocionales de mi ser.

Lo importante para mí es saber
si los problemas de la vida me han secado el corazón y
si creo que ya no puedo sentir nada.

¿Puedo sentir el dolor de los demás o el mío, sin intentar ocultarlo,
    eliminarlo o transformarlo?
¿Puedo vivir alegremente y alegrarme por la alegría de los demás?
¿Puedo vivir con una desenfrenada espiritualidad
y dejar que el éxtasis me inunde por completo
traspasando las aceptadas limitaciones humanas?

¿Puedo ser yo mismo al margen de lo que ello me cueste en cuanto
a mi familia, amigos, salud o reputación?
¿Puedo tener el suficiente valor como para no traicionar a mi alma?

¿Puedo ser fiel y digno de confianza conmigo mismo?
¿Puedo ver la belleza cuando estoy rodeado de fealdad?
¿Puedo vivir sin fallarme a mí mismo ni a los demás?

En la historia de mi vida lo más importante
no es si tengo riqueza material, una buena posición o éxito,
sino si puedo levantarme por la mañana
tras haber tenido problemas o pasar una noche sin dormir,
y afrontar el día haciendo lo que es correcto y verdadero.
¿Puedo permanecer con mi propia luz sin retroceder ante su brillo?

Sé que lo que me sustenta, cuando todo lo demás me falla, es la serenidad
    interior que reside en mí.
Puedo estar solo conmigo mismo y me gusta mi propia compañía
en los momentos tranquilos de mi vida,
su significado se revelará con claridad.

Puedo ofrecerme el regalo del autoconocimiento, la serenidad y la
    liberación del miedo.

LOS ONCE CAMINOS DE LA EXPERIENCIA HUMANA

Vamos ahora a analizar los once caminos de la experiencia humana. Cada uno de ellos constituye una forma eficaz de conocer mejor a los demás y de mantener relaciones pacíficas con todo el mundo, para que al final descubras que el miedo no tiene cabida en tus experiencias con ellos.

Cada camino te ayudará a adquirir la comprensión necesaria para vencer tu miedo y aumentar tu serenidad. Cada uno de ellos te plantea preguntas y te da la oportunidad de encontrar respuestas. Y cada una de estas respuestas es una guía para comprender aspectos de los demás. Aborda estos caminos como un viaje meditativo y contemplativo que te permite comprender con más profundidad tanto tus propios miedos y serenidad como los de los demás.

Estos caminos se dirigen a tu alma a través de las palabras. Utiliza la mente para comprenderlos, pero sé consciente de que es tu alma la que actuará movida por ellos. Reflexiona sobre ellos durante todo el tiempo que sea necesario y piensa en el lugar que ocupan en tu vida. Al estudiar la energía de los demás descubrirás quién eres, quién has sido y en quién te convertirás. También aprenderás qué es lo que no eres.

Vamos ahora a examinar cada uno de estos once caminos.

1. EL TRABAJO

El trabajo no es simplemente una actividad, sino también una interacción creada por los demás y mantenida con ellos. Al trabajar, te relacionas con esas otras personas. Cualquier problema que tengas en el trabajo surge de tu forma de relacionarte con ellas y con sus miedos, y por más grande o pequeño que sea el lugar donde trabajas, compartes con tus compañeros los mismos miedos y el mismo potencial de serenidad.

Para poder comprenderte mejor en el trabajo, debes comprender a tus compañeros. ¿Cuáles son sus miedos? ¿Qué es lo que quieren conseguir en la vida? Aunque esto no significa que tengas que ser el mejor amigo de todos, sino que estás dispuesto a conocerles lo suficiente como para ver qué es lo que les motiva.

Cuando comprendas los miedos de las personas que te rodean, verás con más claridad los tuyos y cómo influyen en tu forma de trabajar y de relacionarte con los demás en el trabajo.

Si el miedo es lo que te motiva para ganar dinero, estarás creándote más miedo aún. Muchas personas anhelan alcanzar la seguridad económica y una buena posición social, creyendo que estas cosas les darán la felicidad. Pero el miedo que motiva estos deseos —el miedo a la pobreza, a no ser nadie— es en realidad un obstáculo para alcanzar la serenidad.

Para encontrar la serenidad en el lugar donde trabajas y sentirte satisfecho con el papel que desempeñas en él, empieza a considerar tu trabajo como un camino que te lleva al conocimiento de ti mismo. El trabajo es una experiencia espiritual, tanto si es agradable como desagradable, gratificante o aburrido, degradante o enriquecedor. Si abordas el trabajo deseando conocerte, descubrirás al cabo de poco si tu situación actual en él es una expresión de tu miedo o una confirmación de tu bienestar interior. Y la forma en que los demás se comportan en el trabajo también expresa su estado interior.

Es importante que sepas que puedes elegir el trabajo que haces y cómo lo llevas a cabo, aunque te dé la sensación de que no es así. Si te sientes atrapado, puedes liberarte de esta sensación. Si en el lugar de trabajo algo te atemoriza por cualquier razón, debes reconocer cuál es la causa de ese miedo. Tanto si surge de una situación, de una persona o de un determinado ambiente, debes encontrar dónde reside el poder del miedo y transformarlo en una fuerza positiva. Puedes hacerlo utilizando el siguiente ejercicio:

Visualiza mentalmente una gran fogata y arroja tu miedo en él, para que sea pasto de las llamas. Deja que lo consuman. Mientras se consume, el miedo se transforma y te muestra de dónde surge y por qué. Deja que la respuesta fluya dentro de tu corazón y que esta sensación tome la forma de una solución y un modo de actuar. Haz este ejercicio durante diez días seguidos, así tu miedo desaparecerá.

Despertar la serenidad que hay en tu interior y en el lugar donde trabajas es muy sencillo. Empieza dando las gracias con regularidad, cada día, por todo lo que tienes en tu lugar de trabajo, por todo cuanto posees y haces, no importa lo que sea. A la serenidad no le interesa la posición que ocupas, la importancia que tiene o la cantidad de trabajo que realizas. Al hacerlo, empezarás a despertar la energía de la serenidad que hay en ti, en tus compañeros y en el lugar donde trabajas. Advertirás pronto que el ambiente cambia a medida que la serenidad, la felicidad y la vitalidad natural se manifiesta en él.

2. EL AMOR, LA COMPASIÓN Y LA BONDAD

Así como el amor es el combustible del alma humana, la compasión es la energía que te permite perdonar a los demás y entrar en un estado de bondad, el estado espiritual natural que aparece cuando estás en sintonía con el amor interior. La bondad es la energía que expresa compasión en todas tus interacciones con los demás. Y en el corazón de la bondad se encuentra la serenidad.

El amor existe en todos nosotros y es nuestra conexión más profunda con los demás, pero el amor está rodeado de miedo, y éste se manifiesta bajo muchos aspectos. Nos da miedo amar y ser amados; ser rechazados, abandonados y traicionados; confiar en alguien e intimar con él. A veces el miedo incluso nos empuja a fingir amar a otra persona. Pero aunque el amor esté rodeado de todos estos temores, en el amor en sí no hay miedo ni pretensión alguna, pues el amor no puede controlarse, y cuando amamos verdaderamente a alguien, este sentimiento nos conduce a la serenidad.

El amor dura para siempre. Cambia de dirección y, de vez en cuando, de forma. Crece y avanza, pero una vez has amado a alguien, ese amor siempre estará allí. Debes tener el valor de aceptar el amor cuando llegue a tu vida, y el amor siempre llega, no excluye a nadie. Lo mejor que puede ocurrirte en la vida cotidiana es amar a alguien y ser correspondido. Para iniciar el camino que lleva al amor, debes dejar que la bondad se manifieste en tu vida y compartirla con los demás. El amor desea ser ofrecido libremente y todos podemos ser amados y amar.

El amor puede surgir en muchas distintas clases de relaciones: como el amor de pareja, el amor entre padres e hijos, el amor entre amigos y el amor espiritual. Al amar es cuando das vida al mundo y descubres de qué estás hecho.

Los miedos que rodean al amor surgen porque el amor nos hace sentir vulnerables y a muchas personas les da miedo esta sensación. Sin embargo, temer el amor es temer la vida, y temer la vida es temer el regalo de la serenidad y apartarse de la existencia. En cambio, cuando aceptas el amor, tu conocimiento aumenta, comprendes que estás conectado con toda la vida y que en esta conexión yace la esencia de la serenidad.

3. LA IRA Y LA ANSIEDAD

Aunque todos nos enojemos a veces, no te fíes de la ira, porque esta emoción te empequeñece y contamina, hace que sigas siendo pobre y teniendo miedo. Destruye el amor y te mantiene alejado de los demás.

La ira es una señal que debes escuchar. Cuando te enojas quiere decir que tienes que cambiar algo. Escúchala y haz el cambio que tengas que hacer, pero no sigas enojado. Las personas que están enfadadas la mayor parte del tiempo están bloqueando los caminos que les llevan al desarrollo espiritual. Mientras estás enojado no puedes transformar el miedo en serenidad. Al sentir que la ira surge en ti, no la alimentes. Elige en su lugar disolverla por medio de una bondad incondicional.

Si estás cerca de una persona que siempre está enojada, protégete alejándote de ella y envíale, al mismo tiempo, una energía llena de amor y perdón.

La ira no puede combatirse por medio de la fuerza. La paciencia es un sistema mucho más eficaz para ello. La impaciencia, que lleva a la ira, genera ansiedad, miedo, desaliento y fracaso. La paciencia, en cambio, crea confianza, decisión y una actitud generosa, lo cual lleva al éxito.

4. LAS ENFERMEDADES

¿Te dan miedo las enfermedades de los demás? Párate a pensar en ello y pregúntate por qué es así. ¿Te asusta su sufrimiento? ¿Temes enfermar? Si están sufriendo, ¿sientes su dolor? ¿Quieres evitar sufrir a toda costa? Es algo muy natural. Sin embargo, todo esto es miedo, miedo a conocerte al entrar en contacto con tus semejantes. Si te dan miedo las enfermedades de los demás, es porque te asusta enfermar y morir. El miedo crea separación y prejuicios. Debes aprender de todas las enfermedades, sea cual sea la forma en que se presenten, y comprender que son un camino que lleva al conocimiento de uno mismo y a la transformación del miedo. Cuando la enfermedad no te da miedo, estás en paz con los ciclos del sufrimiento físico y comprendes tus miedos lo suficiente como para trascenderlos.

5. LA FAMILIA

Tu familia es un grupo de personas con las que mantienes una estrecha conexión. Pero esta conexión no se ha creado sólo por el lazo de sangre, sino por medio del amor y el afecto. Por eso tu verdadera familia se compone de aquellos seres que más te importan. Si resulta que estos seres son los miembros de tu familia, en ese caso mucho mejor, porque significa que tienes una conexión especial con las personas con las que te une un vínculo biológico, ya que a través de ellas es como intentas conocer quién eres. No todo el mundo se lleva bien con su familia. Muchas familias se pelean y discuten, pero las peleas y los enfrentamientos familiares son siempre una torpe expresión del deseo de conocer quiénes somos. A veces nos da miedo formar parte de una familia y la rechazamos o nos alejamos de ella. El miedo a formar parte de una familia es el miedo a la soledad, a ser excluido del amor, y también puede ser un estímulo para encontrar la familia a la que realmente pertenecemos. Con el tiempo, a medida que reunimos la familia que hemos elegido, podemos mirar atrás y apreciar y comprender mucho más a nuestra familia biológica. Y al hacerlo conectamos con la familia humana más extensa, y entonces el miedo a formar parte de una familia desaparece. La familia que elegimos es aquella con la que nuestra alma puede aprender mejor las lecciones de la vida, mientras que nuestra familia biológica nos muestra las lecciones que hemos aprendido y las lecciones y la conducta que debemos desaprender.

6. LA AMISTAD

La amistad es una poderosa bendición que nos aporta tanto amor como respeto en la vida. Y lo bueno de la amistad es que es sincera y relativamente sencilla de alcanzar; para poder tener un amigo, tú debes ser uno. Si ofreces tu amistad a los demás, se sentirán atraídos hacia ti al instante. No esperes nunca que la amistad te llegue sin que tú hagas nada, puedes hacer más amigos en una semana al interesarte por los demás, que en todo un año intentando que los demás se interesen por ti.

La amistad es también una pista para conocer el carácter de los demás. Cuando no sepas el carácter que tiene alguien, fíjate en sus amigos. Si una persona es honesta y abierta, tendrá unos buenos amigos que la respetan y confían en ella.

Pasar tiempo con los amigos es a la vez enriquecedor e iluminador. Una de las actividades más agradables de la vida es pasar varias horas conversando con personas a las que respetas y amas. Y al reservarte un tiempo para charlar con tus amigos, mientras seas auténtico en lo que dices, descubrirás más cosas sobre cómo tu corazón funciona, sobre lo que realmente te importa, y el camino que deseas tomar.

Cuando alguien comparte contigo la carga que lleva encima, significa que has encontrado una profunda amistad que no se dejará afectar por los altibajos de la vida, los acontecimientos ni las emociones. Una amistad que cesa sin más significa que nunca ha sido real.

Saber elegir unos amigos que sean dignos de confianza y constantes es todo un arte. Debes cultivar las cualidades que deseas que tus amigos posean y darte a ti mismo tiempo para reconocer cuáles de ellos son dignos de confianza. A veces, cuando un amigo nos traiciona o nos falla, creemos haber cometido un error o que nos hemos equivocado al juzgarle, pero cuando esto te ocurra comprende que esa persona ha aparecido en tu vida para mostrarte una valiosa lección. En lugar de culparte por haberte equivocado al elegirlo como amigo o de culparle por lo que te ha hecho, intenta descubrir la lección que la experiencia te ha ofrecido.

7. LA AUTOESTIMA

Solemos creer que la autoestima tiene que ver con la confianza en uno mismo, con una actitud positiva o con ser capaz de seguir adelante cuando las cosas se ponen difíciles, pero todo esto no es más que una parte de la historia. La verdadera autoestima consiste en saber estar en el lugar adecuado en el momento adecuado. Esta habilidad no se basa en el ego ni en unas intenciones egoístas, sino en la conexión que mantienes con el amor que fluye armoniosamente con los ciclos naturales de la vida. A esta clase de sabia autoestima no le hace mella el miedo y te permite responsabilizarte de tus propios pensamientos, palabras y acciones. En lugar de ser una proyección del ego, es lo opuesto, el reconocimiento del alma y el efecto que ejerce en el mundo como una fuerza real. Semejante autoestima constituye la cualidad sagrada de la vida aplicada a las situaciones cotidianas que vivimos. Todos tenemos esta clase de autoestima que nos conecta con todo el mundo: nos trae amigos, nos da una pareja, una esposa o un marido e hijos. Puedes sentirla en los demás cuando les abres tu corazón.

8. LA INTEGRIDAD

Tu vida mejora sólo cuando te arriesgas, y el riesgo más auténtico y difícil que puedes correr es ser sincero contigo mismo. Al serlo, eres íntegro, y esta cualidad es la acción directa del alma sobre el mundo. La integridad es la energía que subyace en el cambio y la energía del propio cambio.

Los cambios ejercen un enorme impacto emocional en la conciencia humana. Los pesimistas los ven como una amenaza, porque significa que las cosas pueden empeorar. En cambio, para los optimistas son estimulantes, porque quiere decir que las cosas pueden mejorar. Y para los que confían en sí mismos son inspiradores, pues los retos existen para mejorar las situaciones. La integridad es el honorable y elegante uso del cambio. Al ser íntegro contigo mismo, mientras todo cuanto te rodea cambia, afrontas los cambios sin despreciar tu conocimiento interior de aquello que es verdadero, ético y natural.

Cuando tu integridad se menoscaba, pierdes la conexión natural que mantienes con los demás y te aíslas, y cuanto más vives de ese modo, más sigues buscando fuera aquello que sólo puedes encontrar dentro de ti.

9. EL PERDÓN

Cada vez que perdonas de veras a alguien, hay un poco más de bondad en el mundo. Para poder perdonar hay que ser valiente, conocerse a sí mismo, quererse y tener una mente serena. La capacidad de perdonar es el atributo de aquellos que tienen fuerza interior. Aunque creas ser alguien que perdona, sólo será así cuando seas capaz de perdonar a la persona que te ha herido u ofendido profundamente. La vida es la aventura de perdonar a los demás.

El perdón cura todas las heridas, sea lo que sea lo que las haya causado. Aunque no siempre cure una relación, siempre cura tu vida. Cuando eliges no apegarte a lo que alguien te ha hecho, ni culparle ni odiarle por ello, estás eligiendo invitar a la paz y al amor a tu vida.

En realidad, no importa si la persona que te ha herido se merece que la perdones. El perdón es un regalo que tú te ofreces a ti mismo, porque al perdonar te desprendes de la carga de dolor y amargura que llevabas a cuestas. Cuando perdonas, curas tu miedo y experimentas la serenidad, el estado en el que reside la satisfacción. A ésta no le afecta el miedo y es una expresión de la serenidad que la mayoría podemos sentir y aceptar. La satisfacción es una felicidad madura. No pretende nada, ni ninguna situación puede disminuirla.

Si tu vida está afectada por alguien que se niega a perdonar o que es incapaz de pedir perdón, deséale lo mejor y deja que se vaya de tu vida, junto con su rabia.

10. EL DESARROLLO ESPIRITUAL

El desarrollo espiritual es algo maravilloso y sin embargo a muchas personas les cuesta desarrollar el aspecto espiritual en su vida. Para conseguirlo hay muchos caminos, pero el siguiente es una sencilla forma de desarrollar tu espiritualidad:

1. Cultiva la simplicidad.
2. Comprende la naturaleza de la fe en tu vida.
3. Desarrolla y comprende la libertad y la independencia.

Si te dedicas durante un tiempo a dar estos tres pasos, todo el potencial espiritual, sea de la clase que sea, se manifestará en ti en forma de paz, de unas experiencias directas y de equilibrio. Con frecuencia, a causa del miedo y de los malentendidos, separamos nuestro desarrollo espiritual de la vida cotidiana. Sin embargo, no debes temer vivir la vida que deseas, desarrollar tu espiritualidad y hacer realidad tus sueños. Para dar el primer paso, el de cultivar la simplicidad, invita a tus sueños a hacerse realidad. Al simplificar tu vida, comprenderás mejor las leyes del universo y los ciclos de tu vida. La simplicidad es la civilización en su máxima expresión y la forma de crearla es desprendiéndote del exceso de equipaje en tu vida y concentrándote en lo más importante. El mundo está lleno de tesoros y de buenas personas. Concéntrate en ellos y en la belleza de la vida, y abandona lo que te produzca estrés e infelicidad.

Hay quien piensa que tener fe significa estar convencido de que aquello en lo que uno cree, sea lo que sea, es tan real como una mesa. Los que no están totalmente convencidos de la existencia de una verdad espiritual, piensan en cambio que les es imposible tener fe. Si tú piensas así, en este caso te aseguro que puedes tener dudas y, al mismo tiempo, fe. En realidad, los que dudan pueden tener una gran fe, porque la fe no es algo intelectual, no es una serie de conclusiones lógicas, sino algo que tú eres, vives y respiras. Cuanto mayores sean tus dudas, más serena se volverá tu fe cuando la dejes entrar en tu vida. Y ella a su vez te dará el regalo de la libertad.

El regalo más valioso de todos —la libertad— se encuentra en tu corazón. En tu interior tienes la libertad para expresar tu alma, tu amor y la verdad acerca de que conoces y experimentas a diario lo divino. Y esto te da a su vez la libertad para ser la persona que deseas ser. Tú ya eres libre, lo que ocurre es que te olvidas fácilmente de ello. A no ser que renuncies a tu libertad, nadie podrá arrebatártela. Para asegurarte de que tu experiencia de la libertad puede sobrevivir a los rigores de la vida cotidiana, debes desarrollar una independencia interior y exterior. La independencia es el primer paso para gozar de una libertad duradera y además te enseña que la mayor recompensa es ser quien eres.

11. LA VIDA COTIDIANA

Para mucha gente afrontar el día que tienen por delante al despertar es el mayor de los retos. Vivir de manera consciente y en armonía con la jornada y con todo cuanto la vida te depare es un logro emocional y espiritual muy importante. Y sin embargo muchas personas creen que es algo imposible de conseguir. Sus vidas están llenas de confusión, irritación, agotamiento y disgustos, por eso creen que es imposible vivir con armonía. Todas las personas tenemos que observar cómo vivimos cada día y por qué vivimos de ese modo. Si el día que vives es un misterio para ti, si al final de la jornada te preguntas en qué la has empleado, dedica un tiempo a descubrirlo. Intenta examinar cómo lo has empezado, qué ha ocurrido en la mitad del día y cómo lo concluyes antes de acostarte. Examina los pensamientos, las actitudes y los hábitos que has tenido a lo largo de la jornada. Al hacerlo, descubrirás hasta qué punto tu vida cotidiana está afectada por las acciones de los demás. En nuestra vida cotidiana hay innumerables ciclos y situaciones, visibles e invisibles, que están dirigidos o afectados por otras personas que no conocemos. Por ejemplo, la electricidad de tu hogar, la comida que compras y consumes, las páginas web que consultas en Internet y el atasco que has encontrado al volver a casa. Lo más curioso es que en la sociedad moderna olvidamos fácilmente que ahora dependemos mucho más de los demás que en el pasado, aunque nuestras conexiones personales con la gente suelan ser menos satisfactorias.

El reto de la vida cotidiana no consiste sólo en vencer las dificultades, los problemas y los obstáculos, sino en transformarlos en bendiciones. Las bendiciones se ocupan de sí mismas, en cambio los problemas piden atención. Si tu vida está llena de problemas, empieza a cambiar observando cómo reaccionas ante las situaciones. ¿Te fijas sólo en los problemas en lugar de advertir las cosas buenas que la vida te presenta? ¿No valoras lo suficiente todo cuanto sucede fácilmente y funciona a la perfección y los pequeños actos de bondad que los demás te ofrecen? Si estás dispuesto a fijarte en ellos, los verás. Y cuanto más cosas buenas adviertas, menos espacio habrá en tu vida diaria para los problemas y las dificultades. Elige vivir con armonía y aportar cada día cosas positivas a tu vida.

Estaba sentado en la colina, con la mirada perdida en la lejanía.

—Ürgyen, ¿qué puedo hacer por los demás y sus problemas? ¿Cómo puedo darle sentido a todo?

Mi maestro estaba sentado contemplando pensativamente el valle.

—No existen otras personas —me respondió—, lo que crea la idea de que los demás son distintos de ti es la separación que hay en tu vida y en ti mismo. Todos somos iguales, y los ciclos que experimentamos también lo son. Debes confiar en esto. Al encontrar la unidad dentro de ti, las diferencias y tu vida se revelan tal como son. Descubres que los demás no existen. Te conviertes en alguien real que está dispuesto a formar parte de las experiencias compartidas de los demás. Conectas con ellos a través del amor y la sabiduría. Todo tu miedo se desvanece y te sientes satisfecho con lo que tienes. Te basas en la serenidad. Todos formamos parte de todos. Todos somos responsables de los demás y al mismo tiempo de nosotros mismos.

PAUTAS PARA CONOCER A LOS DEMÁS

Las siguientes doce pautas te ayudarán a observar y comprender a los demás. Aplícalas en tu vida diaria y úsalas para conocerte a ti y a los otros. Cada serie se divide en tres. El número tres afecta a la mente, al cuerpo y al intelecto, y aporta claridad mental y paz.

1. LAS TRES EXPRESIONES DE LA INTELIGENCIA

Recuerda siempre, en las relaciones diarias que mantienes con los demás, que hay tres expresiones básicas de inteligencia comunes en todos:

La primera lo resuelve todo por sí sola.
La segunda reconoce el valor de lo que los demás pueden comprender.
La tercera no puede captar nada por sí misma o a través del ejemplo de los demás.

La primera expresión es admirable, la segunda es de un alto calibre y la tercera puede ser una pérdida de tiempo. Al observar y conocer los ciclos de estas tres expresiones en tu interior, también podrás verlas claramente en los demás. Lo cual te será muy útil al relacionarte con el mundo y te ayudará a manifestar amor, a seguir una dirección en la vida, y a animar a los otros a actuar lo mejor posible. Los demás quieren contarte una historia, la historia de su propia valía, y suelen expresar sus esperanzas y miedos a través de estos tres aspectos de la inteligencia.

2. LAS TRES CLASES DE SERES HUMANOS

Los seres humanos se dividen en tres clases:

Las personas que están centradas en su forma de actuar y de comportarse. Que llevan las riendas de su propia vida y desean alcanzar sus objetivos.

Las que son cambiantes, de un momento a otro, y reflejan la vida a los demás. Desean formar parte de los ciclos de la vida.

Las que no son como las primeras ni como las segundas, y creen que la vida es una lucha. La vida les agobia. Esta clase de personas son a las que más les afectan los miedos.

3. LOS TRES ASPECTOS DE UNA VIDA VALIOSA

Cultiva en la vida diaria los tres aspectos necesarios para que tu existencia sea valiosa tanto para ti como para los demás.

En primer lugar, desea siempre aprender y anima a los demás a hacer lo mismo.

En segundo lugar, mantén una actitud abierta en cuanto a encontrar tu camino en el mundo y ayuda a los demás a hacer lo mismo.

En tercer lugar, no te avergüences de desear en la vida aquello que es bello y verdadero y de ayudar a los demás a ver la belleza que hay en su interior.

4. LAS TRES ACTITUDES EXCELENTES

A lo largo de tu vida haz todo lo posible por mantener estas tres actitudes excelentes:

Ten pensamientos positivos.
Pronuncia palabras positivas.
Haz que todas las acciones y obras sean positivas.

5. LOS TRES ESTADOS

Las actitudes de otras personas pondrán a menudo a prueba las creencias que son más importantes para ti. Muchos pasaremos por uno o más de los siguientes estados. Recuerda que son positivos, porque te permiten aclarar las ideas.

En el primero, habrá quienes te digan que tus creencias van en contra de su sensibilidad, sus ideas o su religión.
En el segundo, habrá quienes te digan que sus creencias se descubrieron antes que las tuyas.
En el tercero, habrá quienes te digan que siempre han creído en ellas.

Recuerda que habrá personas que siempre quieran creer en lo que tú crees para poder poseer algo, para tener la sensación de que controlan su vida y que pertenecen a un grupo. Deja siempre que tus creencias sean flexibles, pero procura en cambio que tu experiencia y comprensión sean sólidas.

6. LAS TRES MEJORES FORMAS DE CONOCER

Las tres mejores formas de conocerte a ti y de conocer al mundo y a los demás son las siguientes:

La primera consiste en observar a los demás, a ti y la naturaleza.
La segunda en reflexionar en lo que has observado.

La tercera en tener en cuenta tus observaciones y aplicarlas al mundo en general.

La observación te lleva a la verificación de lo que has observado, la reflexión es la unión de ambas, y la aplicación te revela si las dos primeras son útiles. Al utilizar estas tres formas básicas de conocer, comprenderás las conductas y los hábitos de los demás.

7. LAS TRES PREGUNTAS

Después de poner en práctica las tres mejores formas de conocerte a ti y de conocer el mundo y a los demás, hazte las siguientes preguntas, ya que a lo largo de tu vida no te quedará más remedio que responderlas:

¿Qué es correcto o incorrecto en mi vida?
¿Qué es verdadero o falso en mi vida?
¿En qué se inspira mi vida? ¿En qué sentido es dolorosa?

Para responderlas, observa tu propia vida. Las respuestas te darán la información necesaria sobre los cambios que deseas hacer en ella. Al aplicar las preguntas mientras observas a los demás, llegarás a comprender mejor lo que ocurre en sus vidas.

8. LAS TRES CLASES DE PERSONAS

En la vida las personas se clasifican en tres grupos. Cada uno está motivado por el deseo de sentirse vivo, a salvo, seguro y completo.

El reducido grupo de personas que hacen que sus deseos se cumplan.

El mayor grupo de personas que espera que sus deseos se cumplan.

La inmensa mayoría que ignora si alguno de sus deseos se ha cumplido.

¿En qué grupo te encuentras tú y en cuál te gustaría estar? Observa a las personas que te rodean. ¿A qué grupo pertenece cada una de ellas? Al observar cada uno de estos grupos de personas, descubrirás cómo sus miedos les controlan y dirigen y, al mismo tiempo, crean la vida que llevan y la sociedad en la que viven.

9. LAS TRES COSAS QUE DEBES INTENTAR HACER CADA DÍA

Reírte de ti mismo y después con los demás, pero nunca de ellos.

Reflexionar sobre ideas inspiradoras, permanecer quieto y meditar sobre la serenidad.

Sentir empatía hacia tus semejantes. Deja que tus emociones se enriquezcan con las experiencias de aquellos que te rodean, permítete llorar, sentir compañerismo e irradiar compasión y calidez.

Si a lo largo del día puedes reír, reflexionar y sentir empatía por los demás, entonces tendrás un día perfecto y aprenderás una lección sobre los milagros de la vida.

10. LAS TRES CUALIDADES QUE DEBES TENER

Cuando te paras a observarte y a preguntarte cómo los demás te ven, ten la seguridad de que ellos verán en ti las siguientes cualidades:

Generosidad en todos tus pensamientos y acciones.

Humanidad al relacionarte con los demás.

Autocontrol al expresar tus propios éxitos.

11. LOS TRES IMPULSOS DEL ALMA

El alma tiene tres impulsos que deben satisfacerse:

El primero es el de una persona acomodada que desea algo más.

El segundo es el de la persona enferma que quiere algo diferente de lo que está experimentando.

El tercero es el del visitante que exclama, a menudo en silencio, que le gustaría estar en otro lugar.

Estos tres impulsos del alma proceden de la profunda comprensión que tenemos las personas acerca de que todo es impermanente. Todos tenemos estos impulsos. Aprende a conocer el valor que tienen para ti, así los reconocerás tanto en ti como en los demás, y da las gracias por la vida que llevas, no te quedes atrapado en la «burbuja» de tu propia existencia.

12. LAS TRES PASIONES

Hay tres pasiones, simples pero increíblemente poderosas, que dan sentido a esta fugaz existencia. Han guiado mi vida y creo que a ti también te serán útiles.

La primera es la esperanza de amar en todas sus formas. El amor se presenta bajo muchos aspectos y, si eres valiente, lo reconocerás en cualquiera de sus formas y podrás darle la bienvenida cuando se presente.

La segunda es el valor de aceptar todas las formas de sabiduría, vengan de donde vengan, sin creer que la sabiduría sólo surge de una fuente.

La tercera es estar dispuesto a entrar en el sufrimiento del género humano y ayudar a reducirlo, para que los demás puedan levantar cabeza y descubrir que ellos también se merecen recibir un trato humano. ¿Cómo puedes entrar en el sufrimiento del género humano? La forma más directa y sencilla es comprendiendo que el sufrimiento de los demás es en realidad el tuyo. Todos formamos parte del ciclo del sufrimiento y de la liberación del sufrimiento, en realidad éste procede del miedo, ya que esta emoción es la que hace que el sufrimiento exista.

Todos estos principios te permiten comprender a los demás y, por tanto, comprenderte a ti mismo, curar tu miedo, ser valiente y estar lleno de humanidad y bondad. Constituyen las pasaderas que puedes utilizar para convertirte en alguien que avanza ligero a través de la oscuridad y de los tiempos difíciles. Te ayudan a sortear las dificultades de la vida y a hacer que este viaje sea más agradable y útil para ti.

4

La fuerza interior

Este capítulo trata tanto sobre el poder y el control que hay en el mundo que te rodea como, lo que es más importante aún, sobre el poder y el control que puedes ejercer interiormente sobre tus estados mentales.

Cuando dominas tu estado mental, tienes mucho poder. Puedes elegir entonces cómo afrontar cualquier situación de la vida, porque el poder exterior surge del interior: del poder que tú tienes sobre tu conducta y acciones, lo cual te permite influir sobre los demás.

Al reflexionar sobre la siguiente información y asimilarla, comprenderás cómo puedes controlar tus estados interiores y exteriores. La serenidad se encuentra en el corazón de este proceso, y al seguir los pasos de este capítulo, podrás experimentar directamente la serenidad en cada aspecto de tu vida cotidiana.

El resultado será que cuando se presenten en tu vida problemas relacionados con el poder y el control, incluso en aquellos delicados momentos en los que te sientas impotente y que la situación se te escape de las manos, serás consciente de tu fuerza interior y no tendrás miedo.

LAS DIECISÉIS MEDITACIONES
SOBRE LA FUERZA INTERIOR

Para empezar el proceso de descubrir tu fuerza interior, me gustaría que observaras las dieciséis meditaciones siguientes en forma de afirmaciones y preguntas. Repite cada una de ellas en voz alta para invocar su potencial en ti y despertar tu fuerza interior. Piensa y reflexiona sobre ellas en profundidad asimilando su mensaje.

La número dieciséis tiene un significado especial en el bön, porque en esta tradición se cree que si estudias un tema de dieciséis formas distintas, lo entenderás mejor.

1. Si fuera verdad que el poder absoluto corrompe por completo, ¿te haría ser puro una absoluta ausencia de poder? ¿Eres lo bastante valiente como para vivir sin él?

2. Uno de los grandes secretos del poder consiste en no usar nunca indebidamente tu fuerza interior al intentar alcanzar aquello que deseas. Es mejor no hacer más cosas de las que puedas realizar. Conoce lo que es adecuado para ti.

3. Prepárate para llevar una vida mejor de la que estás viviendo.

4. Di a los demás que sabes que tienes más poder del que en estos momentos estás manifestando. Estudia sus reacciones. Hazlo con una actitud positiva, sin alardear acerca de ello. Todo el mundo tiene más poder del que utiliza o del que imagina tener.

5. Si el lugar que ocupas en la actualidad en tu vida te queda grande y no estás a la altura que requiere, sin duda estás llevando una vida limitada y estás huyendo de algo. La fuerza interior que

hay en ti y que alimenta tu vida siempre te dará más cosas de las que tienes. Pero debes saber utilizarla sabiamente.

6. El primer paso para alcanzar lo que quieres en la vida es decidir qué es lo que realmente deseas, y después desprenderte de todo lo que te sea innecesario.

7. No existe la menor prueba que demuestre que la vida es seria. La vida es demasiado importante como para tomártela en serio. Confundimos la seriedad con la frialdad y con un torpe control del poder basado en el miedo. La verdadera seriedad es la felicidad inmersa en la serenidad.

8. ¿Crees que la vida es como una lengua extranjera que todo el mundo pronuncia mal y que considera imposible de aprender? Deja de pensar así, entrégate a la vida y deja que hable a través de ti.

9. La vida se celebra a sí misma mediante sus propias acciones, y nosotros desempeñamos sólo un pequeño papel en ellas.

10. Pronunciamos muchas palabras elocuentes, pero muy pocas de nuestras acciones se corresponden con ellas.

11. En algún punto de nuestra vida llegamos al límite de nuestras posibilidades a causa de nuestras acciones. Vivir esta experiencia quizá te asuste porque tu mente cotidiana no sabe qué hacer. Cuando esto te ocurra, deja de realizar lo que hayas estado haciendo hasta ese momento y acepta que tus miedos proceden del mundo cotidiano y que la serenidad que hay en tu interior es lo más importante para ti.

12. Todas las acciones humanas que se producen en el mundo cotidiano se deben a una o más de estas siete causas: suerte, naturaleza, compulsión, hábito, razón, pasión y deseo. Y, sin embargo, el amor es lo único que les da sentido, liberando su poder y permitiéndote tener autocontrol.

13. Se adquieren unas particulares cualidades al actuar siempre de una determinada forma, por eso, si te lo propones, puedes volverte justo actuando justamente, ser delicado en el trato expresando delicadeza, ser valiente mostrando valor.

14. No seas demasiado tímido ni aprensivo en lo que respecta a tus acciones.

15. Toda la vida es una investigación. Cuanto más investigues, mejor.

16. Unas fuertes razones crean unas fuertes acciones.

Ahora, a la luz de estas meditaciones, reflexiona durante un tiempo sobre tu historia personal para extraer el valor de las lecciones del pasado. Piensa en los momentos de tu vida en los que utilizaste tu poder, cuando te contuviste quizá de usarlo por el bien de los demás. ¿Te produjo una sensación interior de bienestar o de plenitud? En otras ocasiones, en las que ejercías un cierto poder sobre alguien, ¿lo utilizaste injusta o irresponsablemente? Si aprendes a saber cuándo no debes usar todo tu poder, guiarás e inspirarás a los demás de una forma mucho más creativa, eficaz y justa. Casi todo el mundo puede afrontar las desgracias, pero si deseas poner a prueba el carácter de alguien, dale poder. No importa la clase de poder o la situación que sea, aprenderás muchas cosas de esa persona observando cómo lo usa. ¿Es compasiva, justa y generosa? ¿O es torpe, demasiado exigente e insensible? ¿Maneja el poder con arrogancia, lo disfruta con sensatez o le da miedo tenerlo y no se atreve a usarlo?

El poder consiste en sostener el miedo de otro en tu mano y mostrárselo. La única razón para tener poder, y la única ventaja, es la habilidad de actuar positivamente, lo cual requiere valor. Para conocer las pegas del poder, observa a los que lo tienen; para conocer el placer que produce, observa a los que lo buscan.

La gente dice que el poder corrompe, pero sería más correcto decir que el poder atrae a los que se dejan llevar fácilmente por él y a los que ya están corrompidos por los falsos valores y las metas egoístas. A las personas sensatas y equilibradas, que conocen las verdades de la vida, normalmente no les interesa el poder, sino otras cosas. Saben y comprenden que el único poder que vale la pena adquirir es el que se encuentra en nuestro interior, esperando a ser despertado.

LAS DIECISÉIS MEDITACIONES SOBRE UNA FUERZA INTERIOR EQUILIBRADA

¿Deseas descubrir tu fuerza interior? En la siguiente lista encontrarás los dieciséis distintos aspectos de una fuerza interior equilibrada. Después de haber meditado sobre los dieciséis puntos de las páginas 98-100, considera cada una de las dieciséis meditaciones de esta lista y deja que entren en tu corazón y despierten tu fuerza interior.

1. LA CONFIANZA EN UNO MISMO

Cada ser humano tiene el potencial de gozar de un gran fuerza interior y aprender a confiar en ti mismo es el primer paso para despertarla. Todos podemos hacer cosas extraordinarias en la vida si tenemos la suficiente confianza interior. Sin embargo, la mayoría de la gente lleva una vida cautelosa y temerosa, prefieren limitarse a sentarse ante el televisor y ver los logros de los demás, que intentar alcanzarlos en su propia vida.

Para despertar la confianza en ti, repítete una y otra vez: *Todo depende de mí.* Y después, tras haber decidido realizar una tarea en concreto, no descanses hasta ejecutarla, aunque te resulte aburrida, desagradable, difícil o desalentadora. Al llevarla a cabo, sobre todo cuando la tarea es pesada o todo un reto, la confianza que tienes en ti aumenta. Y a partir de entonces sabes que tienes la resistencia y la determinación necesarias como para alcanzar lo que te propongas.

Aborda las tareas fáciles como si fueran difíciles, para que tu confianza en ti mismo no se duerma, y las tareas difíciles como si fueran fáciles, para no desanimarte. Las personas que confían en sí mismas se ganan la confianza de los demás. O sea que cree en ti y confía en tus aptitudes. Si no confías, con una actitud humilde, aunque razonable, en tus propias facultades, no podrás triunfar en la vida ni ser feliz.

Cada vez que no sigues a tu guía interior, pierdes energía, y cada vez que no te escuchas a ti mismo, regalas tu poder a los demás, sobre todo a las personas que no se lo merecen o que lo usarán indebidamente. Sólo es bueno dar tu poder si esta acción es beneficiosa, pero pocas veces lo es.

Cuando confías en ti, tienes fuerza y determinación, y estas cualidades te llevarán mucho más lejos en la vida que el talento o la habilidad.

2. EL ÉXITO

En el camino que conduce al éxito tu decisión de triunfar es más importante que ninguna otra cosa. Pero antes de decidir triunfar en la vida, asegúrate de comprender qué es el triunfo y por qué deseas alcanzarlo. Perseguir el éxito por el mero hecho de hacerlo no tiene ningún sentido. Es mucho mejor que aspires a ser una persona honesta, consciente espiritualmente y humana, ya que estas cualidades son los ingredientes del verdadero éxito. Es posible fracasar de muchas formas, en cambio sólo hay una manera de triunfar: aceptar la vida incondicionalmente y aquello que te trae. Cuando la aceptes de este modo, triunfarás en cada una de tus experiencias.

Un método seguro para fracasar es intentar complacer a todo el mundo. Evita hacerlo y concéntrate en ti y en el propósito y el significado de tus acciones. Sabrás que has triunfado cuando al acostarte veas que todo cuanto has hecho desde que te has levantado por la mañana hasta que te has ido a dormir ha beneficiado a los demás y era aquello que tú querías hacer.

El éxito material en la vida no es malo ni desagradable si lo abordas y manejas con la actitud correcta. Pero asegúrate de no dejarte abrumar ni arrastrar por él. Si el éxito que has conseguido no es aquello que realmente deseabas alcanzar, si a todo el mundo le parece atractivo y fantástico, pero tu corazón no se siente satisfecho con él, significa que no es un verdadero éxito. El éxito surge del conocimiento de uno mismo, y los hombres o las mujeres que triunfan en la vida son aquellas personas que, tras ser conscientes de lo que ambicionan, intentan alcanzarlo con constancia, reuniendo todas las condiciones necesarias para que su sueño se haga realidad, como si echaran una red al mar.

En el mundo laboral, el verdadero éxito consiste en descubrir un trabajo que tenga sentido para ti y en hacerlo con una energía afectuosa. Esta energía se proyecta entonces en el trabajo que desempeñas y enriquece a su vez al mundo. Y en la vida has triunfado cuando en el fondo de tu alma sabes que has vivido de la forma más correcta posible, basada en lo que sabías de ti mismo en aquella época, que te has reído a menudo, que has sido bondadoso con todo el mundo y que has amado mucho.

3. EL FRACASO

Las personas que triunfan lo hacen porque han adquirido sabiduría a través de sus fracasos. Han aprendido a aceptarlos como una parte inevitable de la vida sin avergonzarse de ellos ni sentirse unas fracasadas, ya que para conseguir algo hay que arriesgarse.

El fracaso ocurre cuando tienes que aprender a confiar en el mundo y en ti. Si no aprendes nada del fracaso, seguirás fracasando e intentando alcanzar la perfección, creyendo que «la próxima vez» lo conseguirás. Aunque intentes por todos los medios hacer una tarea a la perfección, en ella siempre habrá una increíble variedad de imperfecciones. Quizá las consideres como fracasos, pero cada una de ellas contiene una lección divina y te ofrece algo bello, y si eres capaz de descubrirlo, te conocerás más a ti mismo y estarás más cerca de triunfar, ya que el verdadero triunfo no es más que aprender a aceptar todo cuanto la vida te trae.

Las personas que se ven, o que son consideradas por los demás, como unas fracasadas en la vida son las que no son conscientes cuando se rinden de lo cerca que han estado de triunfar. Sé valiente, y después de experimentar un fracaso, coge nuevos ánimos y continúa, sabiendo que si aceptas el fracaso como una parte inevitable y valiosa de la vida habrás dado un paso más en el camino del triunfo.

4. LAS PREOCUPACIONES

Si adquieres el hábito de preocuparte cada día por cosas que no puedes cambiar o que podrían ocurrir, todo cuanto conseguirás será enfermar, estresarte y ser infeliz. La mejor forma de lastimarte emocionalmente es pensar demasiado en aquello que te preocupa, aunque sólo sea un instante.

Al estar condicionados por el miedo, que se ha convertido en una parte de nuestra cultura, hemos terminado creyendo que es realista ser negativos e irrealista hacer frente a las preocupaciones de la vida con energía positiva y con amor. Hemos aprendido a esperar lo peor. ¿Acaso no decimos a menudo, al enumerar toda clase de probabilidades negativas, «sólo estoy intentando ser realista»? Y, sin embargo, hay la misma cantidad de probabilidades de que las cosas nos vayan bien. El universo está lleno de energía positiva si estás dispuesto a conectar con ella al creer que todo te saldrá bien.

Para transformar las preocupaciones en satisfacción, activa la luz de tu fuerza interior y llena tu corazón de amor. Siéntate en silencio y concéntrate en tu cuerpo, corazón y mente llenándose de amor. Si dejas que el amor penetre en tu conciencia, tus preocupaciones no te lastimarán y empezarán a desaparecer. El amor te enseñará a resolverlas y te recordará el gozo de la satisfacción y la paz.

Para liberarte de tus preocupaciones diarias, termina cada día dando gracias en quietud, y luego despídete de él y de todas las preocupaciones que te haya traído, sabiendo que durante ese día has actuado lo mejor posible. Sin duda seguirás cometiendo errores, pero aprende la lección que te muestran y olvídate lo más rápido posible de ellos. Mañana será un nuevo día. Empiézalo bien, con serenidad y con un espíritu lleno de energía, esperanza y valor, dispuesto a actuar una vez más lo mejor posible.

Cuando pierdes la confianza en la vida, en ti o en los demás, cuando te sientes desesperanzado, deprimido, derrotado y abrumado por las preocupaciones y las dudas, estás yendo hacia una dirección contraria a la del universo. Te estás complicando la vida. Es como si te adentraras en un terreno fangoso en lugar de pasar por otro sitio; es decir, si estás en un constante estado mental negativo acabarás creándote una vida dura y decepcionante.

Para cambiar esta situación, intenta ser tú mismo, con una actitud bondadosa y firme, tanto con relación a ti como a los demás. No trates de ser otra persona en ninguna circunstancia. Tú eres irreemplazable, único e incomparable. No necesitas intentar salvaguardar tu integridad ni tu dignidad, ya que si tu corazón es fuerte, las conservarás, y ellas te protegerán. Al ser tú mismo, conectarás con tu fuerza interior y aprenderás a respetarte y a quererte, dos aspectos que son esenciales para confiar realmente en ti.

5. LOS PENSAMIENTOS

El poder de los pensamientos es enorme, tanto si eres consciente de ellos como si no. De modo que al aprender a controlarlos dispones de una gran fuerza interior.

Nuestros pensamientos nos conectan con los demás, por eso la energía de los pensamientos es tan poderosa. Un pensamiento no es una pequeña cantidad de energía de la conciencia que desaparece, sino una unidad de energía que perdura en el mundo y que ejerce un efecto en todas las personas que nos rodean. Por eso es vital que elijas tus pensamientos con cuidado. Tus pensamientos no sólo influyen en los demás, sino que además te empujan a comportarte y a actuar de una determinada forma. O sea que despréndete de los pensamientos negativos, crueles o contraproducentes. Concéntrate en los que fomentan en ti y en los demás una vida positiva y un estado de paz interior y de satisfacción.

La integridad de tu propia mente es lo más sagrado que hay en el mundo. Cuando lo experimentes por ti mismo, habrás conectado con tu fuerza interior.

Al dedicarte a observar cómo tus pensamientos y tus acciones originadas de ellos influyen en los seres queridos, los amigos, la familia e incluso tus enemigos, comprendes que aquello que te ha ocurrido y lo que te ocurrirá no es nada comparado con el poder que hay en ti.

Utiliza sabiamente el poder de tus pensamientos, úsalo para conectar con los demás, alcanzar tus sueños y creer en ti.

6. UNA ACTITUD POSITIVA

Para afrontar lo que parece ser una derrota, una pérdida o una herida emocional con un estado de ánimo y una actitud positivos, debes estar decidido a mantenerlos. Sin embargo, para poder cultivar tu fuerza interior es importante que seas positivo ante cualquier situación. Si consigues estar alegre y optimista en la peor de las circunstancias, dispondrás de fuerza interior y habrás comprendido que la mayor parte de tu felicidad o tu infelicidad dependen sobre todo de tu temperamento y no de las circunstancias. Y el temperamento no lo has heredado, al contrario de lo que algunos creen, como el color del cabello, sino que puedes irlo cambiando e influyendo sobre él a través de tu conducta y actitudes.

Una sólida y positiva actitud mental hace milagros, fomentando la curación interior y exterior tanto en ti como en las personas que te rodean. Los grandes líderes espirituales del pasado y del presente, de todas las religiones y disciplinas espirituales, tienen en común una actitud lo bastante positiva como para afrontar el sufrimiento como una bendición y conservar sus creencias y su integridad ante las dudas y el disentimiento.

Al modificar tu actitud mental, tu vida cambia. En realidad, cuando deseas hacer cambios, la actitud mental es primordial. Si planeas correr un maratón, aprender una nueva habilidad, perder peso o encontrar a la pareja con la que sueñas, lo más importante para triunfar es tu actitud mental. Si crees que puedes hacerlo, por más reveses que tengas, lo conseguirás. Para poder transformar tu vida, debes primero transformar tu actitud y prestar atención para reconocer ¡los milagros que se producen en ella!

7. LOS HÁBITOS

Para poder liberar tu fuerza interior y manifestar la serenidad que hay en ti, debes cambiar los hábitos que te impiden progresar o que te afectan de manera negativa. Todos tenemos hábitos: los seres humanos somos criaturas de costumbres y nos sentimos cómodos y estables al actuar del mismo modo una y otra vez. Muchos de nuestros hábitos son útiles, constructivos y necesarios, pero nunca des por sentado que lo sean todos, al contrario, examínalos siempre y decide si son útiles y valiosos para ti o si no lo son. De esta forma tú eres el que controla tus hábitos y no el que se deja llevar por ellos.

Los malos hábitos tienen un efecto destructivo en tu vida, en la confianza en ti mismo y en tu energía. Si habitualmente fumas, bebes en exceso, consumes drogas, gastas demasiado dinero o te tratas a ti o a los demás con crueldad, deja de hacerlo. Los buenos hábitos se adquieren al resistirte a las tentaciones.

Para perder un mal hábito no basta con decidir abandonarlo, ya que los hábitos acaban volviéndose muy arraigados y suelen tener un efecto físico sobre el cuerpo. Así que ve abandonándolo poco a poco, con la ayuda de aquello que es más fuerte que ese hábito: siendo bondadoso contigo mismo. Una vez decides serlo, descubres con alegría que tus hábitos negativos cambian.

8. LA INTELIGENCIA

La verdadera inteligencia es revolucionaria y maravillosa. No es una regurgitación mecánica de las ideas de otros, lo cual suele confundirse con la educación. Ni tampoco es astucia, rapidez o desear que los demás te aprueben. No se encuentra en una mente hiperactiva, que es simplemente una mente reactiva, a la que le afectan hasta tal punto los estímulos que recibe del exterior que en lugar de ser una mente no es más que un hábito inconsciente.

La verdadera inteligencia consiste en poder concentrarte sin miedo en lo que es realmente importante. Se basa en la fuerza interior, que es la habilidad de confiar en tu propio conocimiento, ideas y observaciones, y es compasiva, unificadora, decisiva e implacable.

La auténtica inteligencia es todo un reto al statu quo. No deja nada por cuestionar y contempla todas las dimensiones del infierno y del cielo sin miedo.

Semejante inteligencia es inconmensurable e ilumina el mundo con su luz. Según la tradición bön tibetana, la luz brillante de la inteligencia es la que genera nuestro sistema nervioso central y nuestras ondas cerebrales. Esta inteligencia no sólo fluye por nuestro cerebro, sino también más allá de los límites de nuestro cuerpo, afectando a los demás y a nuestro entorno directamente.

Cultiva tu propia inteligencia y la fuerza interior en la que se apoya negándote a aceptar reaccionar de manera automática. Hazte preguntas, saca tus propias conclusiones, sé consciente de lo que piensas y atrévete a expresarlo.

9. LAS OPORTUNIDADES

La vida está llena de oportunidades y las oportunidades son ventanas a la esperanza, las posibilidades y la alegría. Para que una oportunidad produzca un buen resultado, debe surgir en el lugar y en el momento oportunos y has de encontrarte en el estado mental adecuado para ello.

Hay dos clases de oportunidades: las que ves y aprovechas, y las que tú mismo creas. Sé consciente de ambas y disfruta de ellas. Deja que tu fuerza interior te guíe hacia las oportunidades que son buenas para ti y que también te ayude a crearlas.

Recuerda que los obstáculos que encuentres en tu vida suelen ser en el fondo oportunidades. Cuando dudas de tu fuerza interior, normalmente te pierdes las oportunidades que la vida te ofrece. Si utilizas tu fuerza interior en cada actividad de la vida cotidiana, realizándola siendo consciente de ella y con una actitud positiva, atraerás cada vez más la buena suerte y las buenas oportunidades. Y la próxima vez que haya una crisis en tu vida, intenta reconocer las oportunidades que te ofrece, aunque al principio te cueste mucho verlas.

No temas tener que avanzar solo en algunas épocas de tu vida. Si sigues ciegamente a la multitud, sólo irás adonde ésta se dirige. Cuando confías en la dirección que deseas seguir en tu interior, te descubres explorando nuevos lugares, tu fuerza interior se despierta y tu corazón afronta lleno de vida esta nueva existencia.

Mientras creas oportunidades y las aprovechas, no temas cometer errores. Cada vez que te niegas a admitir que te has equivocado, socavas tu individualidad y tu fuerza interior. Sé también valiente al tomar decisiones. Para poder avanzar aprovechando las oportunidades que surgen en tu vida debes tomar decisiones. Cuanto más claro lo veas y más valiente seas en ello, más se fortalecerá tu fuerza interior. La indecisión te quita energía y te hace volver al punto de partida: a tener que tomar una decisión.

Para poder crear oportunidades en tu vida, necesitas tener sueños. Un sueño es una forma distinta de deseo. El deseo es el impulso, pero el sueño aparece cuando construyes tu deseo en una estructura emocional y energética (al final del capítulo aprenderás un método poderoso para realizarlo).

Cuando te permites soñar, generas grandes ideas. No te preocupes si los demás te las roban, porque nadie puede robar la energía que contienen, por eso las ideas robadas pierden la mayor parte de su potencial. Para sumergirte en tu fuerza interior, persigue cada uno de tus sueños. Si afrontas la vida con entusiasmo, sin esperar nada de ella, y vives dejándote guiar por tu corazón, el mundo te dará lo que deseas.

10. EL OPTIMISMO

Al ser siempre optimista tus pensamientos y tu poder de voluntad se expanden y amplifican, tu fuerza interior aumenta y ves lo beneficioso que es el autodominio, ya que ser siempre optimista requiere determinación y esfuerzo.

El optimismo, al igual que la primavera, genera un nuevo nacimiento, regenera y renueva, y si eres optimista afrontarás con mucha más facilidad las relaciones que mantienes con los demás y las situaciones que la vida te presente. El optimismo es contagioso, al sentir esta energía los demás reaccionan con más calidez y se vuelven a la vez más optimistas.

El optimismo no consiste en ignorar las cosas o en una fe ciega, sino en creer en el mejor resultado posible en cualquier situación o acción. Cultiva tu optimismo viéndolo como la forma más valiosa de afrontar la vida y el medio más seguro para desarrollar tu fuerza interior.

11. ARRIÉSGATE

Lee la siguiente meditación y reflexiona un rato sobre ella. Inspira, sé la flor, sé su perfume.

Meditación sobre el riesgo

La florecilla estaba asustada. Llegó el día en que la angustia que le producía no florecer era más fuerte que su miedo a abrirse al mundo que la obligaba a seguir encerrada en su capullo. La flor se abrió. Dio un ahogado grito de asombro y luego desprendió un perfume tan maravilloso que llenó el aire con su felicidad. De pronto, las otras flores inspiradas por la florecilla, eclosionaron también. Lo que había sido un rocoso y frío lugar se convirtió durante un breve tiempo en un jardín lleno de asombro y sabiduría.

No valores la vida basándote en la cantidad de años que has vivido, sino en la calidad de la vida que has llevado. La felicidad surge de afrontar retos y arriesgarse y no de vivir muchos años.

Al arriesgarte aprendes lo poderoso que eres y, al mismo tiempo, a controlar y dirigir las situaciones y la energía que has liberado en los riesgos que has corrido.

Con ello no quiero decir que debas arriesgarte de una forma temeraria o imprudente por el simple placer de hacerlo, sino que corras de manera calculada los riesgos que forman parte de vivir plenamente la existencia: como el riesgo de amar y de ser amado, el riesgo de comprometerte con otra persona, el riesgo de participar en un reto estimulante, el riesgo de explorar el mundo y descubrir su belleza y el riesgo de defender aquello en lo que crees.

Cuando fracases al arriesgarte en algo, aprende de la situación y sigue adelante. No decidas no arriesgarte más. Por ejemplo, si una relación no te ha ido bien, no te escondas lamiéndote tus heridas ni evites arriesgarte en una nueva relación. Tu miedo a volver a fracasar hace que te cierres. Y tu inseguridad te hace perder la vitalidad que crea las maravillas de la vida y que te ofrece las oportunidades. En ese caso te convertirás en un mero espectador de la vida en lugar de participar en ella, y hacerlo es sucumbir al miedo.

Al arriesgarte es cuando tu fuerza interior se despierta. Cuando comprendes que la verdadera seguridad surge al cultivar la fuerza interior y el autodominio en las profundidades de tu yo interior.

No te desanimes si los demás te dicen «Eso es imposible». Realiza la empresa más difícil del mundo por ti. A veces tenemos que saltar al vacío desde nuestros acantilados personales para llegar al límite y fortalecer nuestra fuerza interior.

Si corres riesgos, el universo te recompensará por ello, ya que al correrlos estás ayudando a todos los seres humanos a evolucionar emocional y espiritualmente. Desear arriesgarte es estar dispuesto a hacer cambios y son precisamente las fuerzas de los cambios las que llenan el mundo de sentido.

12. LA IMAGINACIÓN

La imaginación es más esencial que el conocimiento, porque es la energía que actúa en tu mundo interior. El conocimiento es siempre, por naturaleza, incompleto, en cambio la imaginación es perfecta, plena y completa en todos.

La imaginación es la herramienta que te permite llevar alegría y paz al mundo. Llena de una inagotable energía, genera el deseo de entablar amistad y de conectar con los demás. A través de tu imaginación puedes dar el gran salto de pasar de estar separado del resto del mundo a formar parte de él, puedes conectar con todos los otros seres vivos del planeta y ver que la diferencia entre el pasado, el presente y el futuro no es más que una falsa impresión. La imaginación es vibrante, afectuosa y surge de la fuerza interior. Te permite ayudar a que el mundo se convierta en un lugar mejor donde la gente trabaje unida para alcanzar la libertad con amor y un espíritu tolerante.

Alimenta tu imaginación fortaleciendo tu fuerza interior. Vence tu miedo, deja que tu imaginación trascienda los límites del conocimiento y ayúdate a ti y ayuda a los demás a expresaros libremente.

13. LA BONDAD, LA BELLEZA Y LA VERDAD

Mientras viajes por la vida, llévate contigo estos tres ideales: la bondad, la belleza y la verdad. Deja que te iluminen el camino y que te den el fresco valor que necesitas para afrontar la vida cuando tu camino se llene de obstáculos y dificultades. A medida que vas desarrollando tu fuerza interior, comprendes mucho más lo importantes que son estos tres ideales. Ves que cuando eres bondadoso con los demás difundes bondad por el mundo, que al comprender la belleza haces que el mundo se vuelva más bello, y que cuando intentas expresar la verdad aumenta la sinceridad en el mundo. Este poderoso y sencillo descubrimiento constituye un faro que te ilumina en la vida.

Deja que la bondad, la belleza y la verdad que hay en ti se manifiesten y te muestren el camino en las épocas difíciles. Vive tu propia vida y, al mismo tiempo, dedícala también a los demás. Así adquirirá un nuevo sentido y te dará equilibrio, serenidad y paz.

14. LA CURIOSIDAD

Al contemplar los misterios de la eternidad, la vida y la maravillosa estructura de la realidad, no podemos evitar sentirnos sobrecogidos y llenos de curiosidad. La curiosidad, el deseo instintivo de conocer y comprender mejor los misterios de la vida, forma parte de nuestra naturaleza humana.

No pierdas nunca tu sagrada curiosidad, la habilidad de detenerte maravillado o de quedarte sobrecogido, porque sin ella actuarías simplemente como un robot. Los misterios de la vida es lo más bello que puedes experimentar. La vida es más rica si intentas comprender un poco sus misterios cada día.

La curiosidad es también la fuente del verdadero arte y de la ciencia. Es un elemento vital de la conducta humana más importante de todas, la de intentar actuar basándote en valores éticos. Tu equilibrio interior e incluso tu misma existencia dependen de ello, pues tu vida sólo será bella y digna si tus acciones son moralmente correctas.

15. LA INTUICIÓN

La cualidad más valiosa que tienes en la vida cotidiana es la intuición. Y sin embargo en el mundo actual la intuición se considera mucho menos importante que los pensamientos. Vivimos en una era en la que el pensamiento lógico se valora muchísimo más que la intuición. Pero, pese a ello, todos tenemos una poderosa intuición que podemos alimentar y aumentar, porque la creamos y renovamos al experimentar la verdad y la belleza en nuestra vida cotidiana.

La intuición está implícita en tu creatividad y habilidades, y te ofrece una información que desafía la lógica. Confía en tu intuición cuando te diga que aquello de lo que tú crees estar seguro es correcto o cierto. La sociedad nos anima a ignorar nuestra intuición, y cuando lo hacemos durante el tiempo suficiente, disminuye y acaba desapareciendo. Sin embargo, cuando te niegas a dejarte gobernar sólo por el intelecto y escuchas esta poderosa voz interior, tu fuerza interior crece y se desarrolla.

La intuición es básicamente una forma de supraconciencia que se manifiesta a través del subconsciente. Pero es importante comprender que el «yo» cotidiano es exactamente lo opuesto a este estado intuitivo. De modo que para poder escuchar tu intuición deja a un lado tu «yo».

A través de la intuición puedes dialogar con el mundo natural y mantener una comunión en la que conoces y comprendes la trama de la vida. Al tener lugar, tu energía intuitiva se funde con tu fuerza interior y juntas te aportan equilibrio, visión y sabiduría tanto a ti como a tu mundo.

16. EL VIAJE DE LA VIDA

Todos los seres vivos formamos parte de un todo, al que llamamos «cosmos». Los seres humanos nos percibimos como si cada uno fuéramos distintos y estuviésemos separados del resto de la vida, pero esto no es más que una ilusión, una idea falsa de nuestra conciencia. Esta ilusión nos limita y entorpece, manteniéndonos atados a nuestros deseos y hábitos personales.

Tu meta debe ser liberarte de la ilusión de la separación al aumentar tu experiencia de tolerancia, compasión, sabiduría, poder y generosidad para incluir en ella a todos los seres vivos y al ciclo completo de la naturaleza con toda su belleza y fealdad. Cuando eres capaz de hacerlo, eres plenamente consciente, estás realmente vivo y empiezas a comprender el viaje de tu vida.

La sabiduría natural de tu fuerza interior sabe que formas parte de un todo. Esta profunda comprensión, que procede de tu experiencia original de haber formado parte de un todo, no tiene nada que ver con los dogmas y la teología e incluye tanto lo natural como lo espiritual.

La vida es la transición del nacimiento a la muerte. La muerte, la siguiente transición, es serena si realizas el viaje de tu vida siendo sincero contigo mismo y viviendo en unión con el cosmos. Cuando estás conectado a tu fuerza interior y vives de acuerdo con tu propia verdad, sabiendo que formas parte del conjunto de la vida, que estás conectado a todos los seres vivos, descubres el propósito y la aventura que hay en el viaje de tu vida.

EL ARTE TIBETANO DE SOÑAR

Mientras duermes te relacionas de forma directa con un estado de conciencia más elevado que el que normalmente experimentas durante el día. Según las creencias bön tibetanas, los sueños surgen para que puedas mantenerte cuerdo, expandir tu conciencia y conectar con tu poder interior.

Meditación para que tus sueños se conviertan en realidad y desarrollar la fuerza interior

Los siguientes pasos describen métodos tradicionales bön para dormir y soñar que te permitirán crear nuevas y saludables formas de vivir mientras duermes e influir sobre ellas. Por eso, aparte de permitirte experimentar profundos estados de consciencia interior, constituyen también una aplicación práctica de tu fuerza interior en el mundo cotidiano.

Este ejercicio aliviará cualquier problema que tengas relacionado con el sueño y fomentará tu sensación de bienestar.

PRIMER PASO: AL IR A ACOSTARTE

Ve a la cama treinta minutos antes de lo habitual y acuéstate cómodamente boca arriba. Sé consciente del ciclo natural de tu respiración. Fúndete y concéntrate por completo en él. Después de hacerlo al menos durante quince minutos, deja que el ciclo respiratorio se vuelva más pausado. Siente cómo el cuerpo se hace más pesado y se relaja al fundirse con el lento ritmo respiratorio. Cierra ahora los ojos. Visualiza una suave y tenue luz parpadeante rosa. Esta luz va creciendo poco a poco hasta que todo cuanto existe es la luz rosa y tu respiración. Sigue sintiendo esta luz. Escucha las palabras «Ahora duerme, duerme». La luz rosa te está hablando. Tú y ella sois una unidad. Duerme.

SEGUNDO PASO: EL SUEÑO TRANSFORMADOR

Mientras estás durmiendo, llama a tu fuerza interior. Deja que adquiera una forma con la que puedas relacionarte. Esta forma puede ser dulce, poderosa, severa, sabia, juguetona, animal, vegetal, mineral o humana. Deja que tu fuerza interior tarde el tiempo que le haga falta para encontrar esta forma; quizá descubras que después de haber estado explorando varias noches tu fuerza interior ésta se asienta y encuentra la forma bajo la que desea manifestarse. No te apresures en esta parte, pero no realices el tercer paso hasta que tu fuerza interior haya encontrado su forma. Cuando se haya manifestado bajo una determinada forma, pídele humildemente que te enseñe cosas sobre la naturaleza de tu fuerza interior y la influencia que ejerce sobre ti, sobre el mundo cotidiano, sobre tu vida y tu pareja, los amigos, los enemigos, la familia y los compañeros de trabajo.

TERCER PASO: ACTIVA TU FUERZA INTERIOR

Después de haber estado aprendiendo sobre tu fuerza interior a través de los sueños, elige algo que te gustaría hacer en este punto de tu vida. Puede ser cualquier cosa que desees, importante o poco importante. Como curarte a ti mismo, ver con más claridad una determinada situación, terminar o iniciar una relación, encontrar un trabajo o mejorar tu situación económica.

Llama ahora mentalmente a la forma con la que tu fuerza interior se manifiesta y descríbele lo que deseas alcanzar. Después de haberlo hecho, visualiza tu objetivo creciendo a su propio ritmo ante ti, como una clara imagen. Cuando la imagen sea completa, deja que tu fuerza interior le insufle vida. Tras haberlo hecho, fija la fecha en que deseas que tenga lugar. Y luego aquieta tu mente y dale las gracias.

CUARTO PASO: LA RECEPCIÓN

Evoca ahora tu fuerza interior y la imagen que has creado de lo que quieres alcanzar en la vida y mantenla en tu mente en un estado de pureza y compasión. Llena la imagen con la energía de la sabiduría, la autocreación y el deseo de beneficiar a los demás. Al hacerlo, insúflale vida, llenándola con tu fuerza vital y envíala al mundo. Descansa en la luz rosa. Duerme en un estado de sabiduría e iluminación.

También puedes utilizar esta meditación para ver con más profundidad cualquier aspecto de tu fuerza interior que he citado en este capítulo. Realiza los cuatro pasos de la misma forma, sólo tienes que aplicar el aspecto de la fuerza interior que desees en el tercer paso.

Si haces esta práctica con regularidad, desarrollarás visión interior y equilibrio, curarás tus miedos y alcanzarás la serenidad a medida que tu fuerza interior se vuelva más fuerte y segura cada día.

Al volver a su casa un sábado después de haber almorzado con las amigas, Janice descubrió que su esposo y sus hijos habían desaparecido. Desesperada, llamó a la policía, que le informó que desconocían el paradero de sus familiares.

Mientras esperaba recibir alguna noticia, Janice también descubrió que se había quedado sin un penique, su esposo había retirado todo el dinero de su cuenta bancaria y ella no podía pagar las facturas ni la hipoteca de la casa.

Varios días más tarde Janice se enteró de que su marido había vuelto a su casa, en Europa del Este, con sus hijos. Profundamente consternada, decidió recuperarlos. Hizo todo lo posible para conseguirlo, como acudir a los tribunales, pero le dijeron que era posible que nunca volviera a recuperar a sus hijos.

Al mismo tiempo empezó a practicar «la meditación para que los sueños se conviertan en realidad y desarrollar la fuerza interior». Decidió que si las medidas exteriores que había tomado no funcionaban, iba a recuperar a sus hijos por medio de su fuerza interior. Janice tardó cinco años en volver a reunirse con ellos, y en todo ese tiempo nunca perdió las esperanzas, y siguió conservando su valor gracias a la meditación. Al final su marido fue acusado de secuestro y encarcelado por las autoridades del país al que había huido. Janice recuperó a sus hijos, volvió a casarse y pudo formar una familia de nuevo.

En la actualidad dirige un grupo de autoayuda para adolescentes y les enseña «la meditación para que los sueños se conviertan en realidad» como parte de su programa para fomentar el bienestar.

5

El amor

Amar y ser amado es sentir la calidez de la serenidad y la ausencia de miedo. El amor te llega para que puedas volver a unirte con la vida y con todas sus posibilidades para experimentar una nueva forma de ser.

Cuando amas a otra persona, se unen dos sistemas energéticos que son distintos y que, al mismo tiempo, se atraen el uno al otro. Al llegar el amor a vuestra vida, tu pareja y tú os transformáis. Al sentir los dos amor, la naturaleza emocional y física de ambos cambia y alcanza un nivel más elevado del ser. Amar de veras es vislumbrar el gozo y el despertar.

Al amar a alguien, la felicidad de esta persona se vuelve esencial para ti. El amor te enseña el valor de amar sin esperar nada a cambio. Das simplemente porque así lo deseas. Pero hacerlo requiere valor, ya que a la mayoría de las personas nos asusta darnos de bruces y parecer estúpidos, o que la otra persona nos haga daño al abrirnos a ella. Y, sin embargo, seguir el proceso de amar y los dictados de tu corazón es una iniciación para convertirte de veras en un ser humano. Cuando un ser humano ama a otro, aprende la lección más estimulante de la vida: que todos podemos amar y que el amor no excluye a nadie. El amor es la expresión suprema de la humanidad y el camino más importante de todos, el resto no son más que una preparación para él.

Cuando amas a alguien, puedes acceder a la sabiduría que hay en ti y te vuelves más sabio. El amor te da la visión de tu ser y la comprensión que de otro modo tardarías años en adquirir a través del trabajo interior. El amor toca lo intocable y cura lo incurable.

El amor es como un hermoso capullo al que no se puede forzar a florecer, pero que al abrirse hace que el jardín sea un lugar maravilloso.

Si el amor es verdadero y real, es el mismo siempre, sea cual sea el objeto de tu amor, tanto si es una persona, una creencia o un dios. En el amor no hay un punto alto ni bajo, es inconmensurable, como el mar. Es un acto de infinito perdón y de una inquebrantable ternura que transforma los hábitos.

Y pese a que el refrán diga que el amor es ciego, en realidad no lo es. El amor lo ve todo, por eso está dispuesto a verlo sin juzgarlo y es capaz de hacerlo: ve las cosas tal como son.

El amor no es sólo una sensación. Básicamente es la decisión de entrar en un estado acelerado de conciencia. Si deseas sentir el amor, decide amar y tener una mente serena. No esperes a sentirte merecedor de amor, porque no puedes hacer nada para merecerlo, el amor no es más que una ofrenda que la vida te presenta. No puede poseerse ni entregarse, existe en todo y sólo puede reconocerse y recibirse. El verdadero amor es un estado de comunión con todo cuanto existe y cuando se presenta no es necesaria ninguna estrategia, control ni resultado.

Y, sin embargo, el amor tiene una estrategia, la de asegurarse de que cada ser conozca el amor y sea apoyado por él. La mayor satisfacción que puedes tener en la vida es la certeza de que te aman tal como eres o, más bien, independientemente de los obstáculos que te crees.

En este capítulo te guiaré en un viaje a lo largo de los numerosos aspectos del amor. Al final del capítulo encontrarás una meditación para conectar con la energía del amor que existe en todo cuanto hay en el mundo. Mientras lees el capítulo, deja que se convierta en una conversación que mantienes con tu corazón. Cuando sientas deseos de hacerlo, pronuncia en voz alta las palabras que estás leyendo. Así tu corazón podrá abrirse y unirse con el amor.

Cuando te permites sentir amor, tu vida cambia. Al amar, te ablandas y abres. En este mágico estado verás muchos aspectos de tu vida de distinta forma, con lo que tomarás unas decisiones más sabias y eligirás un camino que te infundirá una mayor serenidad.

EL CAMINO DEL AMOR

El mayor logro que todos conseguiremos en la vida es simplemente amar y ser amados. La compasión es la que nos ofrece la oportunidad de amar, por eso, si deseas seguir el camino que lleva al amor, debes conocer la naturaleza de la compasión. La compasión no es amor, aunque a veces confundamos una cosa con la otra, sino la absoluta bondad de la sabiduría que conoce la esencia del sufrimiento. En cambio, el amor es el gozo de la vida, tal como es. El poder de la compasión transforma el miedo. Para conocer la compasión, es necesario dejar de culpar a los demás, incluyéndose a uno mismo. Al hacerlo, aprendes a confiar en tu interior y tu corazón se abre permitiéndote conocer tu verdadera naturaleza, la cual ama sin miedo ni inseguridad.

Al desarrollar la serenidad, reconoce todo aquello que te hace estar de mal humor y elimínalo, hasta que sólo quede la serenidad en ti.

Reflexiona cada día un rato sobre lo siguiente: la verdad del amor es la verdad del universo. El amor es como la comprensión que se ilumina cada vez más a medida que contempla las numerosas verdades. Cuando en tu experiencia del amor conoces la verdad, esa misma verdad es la lámpara del alma que te revela los secretos de una terrible oscuridad.

Al afrontar los problemas de la vida, recuerda que estás simplemente iniciándote en los misterios del amor. Si te enfrentas a tus problemas con serenidad y amor, cada uno de estos misterios se te revelarán por sí solos.

Cuando te llegue el momento de morir, lo único por lo que podrán juzgarte es por cómo amaste y por qué. Cuando en lo más íntimo de tu corazón estén vivas las palabras que expresan un infinito amor, tan dulces e intensas como la fragancia de una flor exótica, detente y averigua por qué estás aquí, en esta vida. En ese momento conocerás la verdad: el verdadero amor se encuentra más allá de enamorarse de alguien o de algo. Es un milagro capaz de hacer milagros. El amor es un camino que debes seguir para regresar a tu yo más elevado.

EL AMOR Y LA BÚSQUEDA DE SENTIDO

Al buscarle el sentido a la vida puedes cometer dos errores: el primero, no estar lo bastante preparado como para hacer el trabajo necesario, y el segundo, no dar el primer y más importante paso: despertar al amor.

Si no das estos dos pasos no progresarás. Una persona sabia vive actuando y no pensando en lo que hará. Las suposiciones a las que se llega a través de los análisis, los razonamientos y las deliberaciones apenas pueden alterar el curso de nuestra vida, en cambio las acciones pueden mover montañas.

En la turbulenta vida, las acciones que más influyen en nuestra existencia —las que deciden el curso de nuestro futuro— las realizamos a menudo maquinalmente. Estamos tan acostumbrados a no confiar en nuestro yo interior que dejamos que la vida nos dicte el camino. Y aunque esto sea correcto en algunas ocasiones, las decisiones realmente importantes de la vida debes tomarlas tú mismo. Al intentar hacerlo, no sólo tomas unas decisiones, sino que además aprendes a elevar tu conciencia a través de esas decisiones y a responsabilizarte, por tanto, de ellas.

Observa, con atención y determinación, cada camino que ha seguido tu vida y hazte esta pregunta fundamental: ¿tiene ese camino un espíritu? Si lo tiene, en ese caso el camino es positivo y verdadero. Y si no lo tiene, descártalo compasivamente y elige otro. De esta forma estarás haciendo el trabajo necesario para darle sentido a la vida. El segundo paso, despertar al amor, requiere considerar que la vida, y todos los seres humanos, somos una sola cosa. Ésta es la humilde acción de un ser humano despierto, la cual requiere un verdadero autodominio.

Recuerda que en un mundo lleno de ira ninguna persona es lo bastante importante como para hacerte enojar, si decides que no lo sea. Aprende a trascender la ira yendo a ese lugar que hay en ti en el cual escuchas a todo el mundo. Éste es el inicio del diálogo que mantienes con el amor.

EL PAPEL DE LA DEVOCIÓN

La principal energía del amor es la devoción, que surge del corazón. La devoción es el fuego del amor y la esencia de cómo éste se comunica. Despierta todas las partes en ti, transforma cualquier resistencia que tu mente pueda ofrecer, abre nuevas dimensiones de tu corazón, y acaba enseñándote el arte y el poder de entregarte a ti mismo.

La devoción no es una energía débil ni pasiva, ni tampoco consiste en una obediencia esclavizante, sino que es concentrada, directa, perceptiva, inquisitiva y a veces insistente. No tolera las quejas del miedo ni la inseguridad. La devoción te enseña el valor del amor, pues sin devoción no hay amor.

El amor que se realiza por medio de la devoción y que se siente satisfecho te permite desentrañar los misterios y percibir un nuevo significado y unas razones más elevadas en las situaciones que te ocurrieron en el pasado. Y este conocimiento te deja empezar a vivir con el corazón.

Vivir con el corazón es la única forma de preocuparte por ti y por los demás. Si como especie lo comprendemos, nos llevará a todos, a cada hombre, mujer y niño, a pasar de la era de la información, la tecnología y la economía a la era del vivir guiados por la intuición. Si deseas expresar el amor utilizando tus habilidades inherentes para servir al mundo en todo cuanto hagas, descubrirás las mejores situaciones para tu propia madurez y la del mundo. De esta forma expresarás el amor que sientes por los demás y ellos también harán lo mismo. La devoción consiste en esto.

EL AMOR Y EL MIEDO

El miedo es lo que impide a tu corazón abrirse al amor. Toda la maldad que hay en nosotros surge del miedo, y toda la bondad, del amor. El amor es la decisión de los valientes que desean vencer sus miedos.

El miedo a amar y la serenidad que genera el amor se atraen y crean mutuamente. El miedo al toparse con el amor intenta hincharse, pareciendo más amenazador y poderoso de lo que en el fondo es. Cuando dejas que tu miedo se mezcle con tu amor, como suele ocurrir, esta situación crea una dolorosa contaminación que te aleja del camino del amor y afecta a la forma en que lo recibes y lo sientes. Para evitar que esto te suceda, concéntrate sólo en intentar aumentar el amor que hay en tu vida y deja que el miedo se las apañe por sí solo, de esta forma se marchitará y estará preparado para transformarse. Deja que el miedo encuentre su propio camino hacia la curación y el amor, hacia la realización.

Cuando tu experiencia del amor sea muy aterradora, recuerda que el único antídoto que hay en este caso es amar más aún. Tú no puedes contener al amor, debes dejar que fluya hacia donde desee. Debes tener fe en él, conocerlo a fondo sin que te haya quedado ninguna pregunta por responder sobre él, arriesgarte. Amar de esta manera tan valiente es dejar de apegarte al miedo.

Cuando estamos heridos a causa del amor, solemos sentir miedo. Intenta siempre sentir afecto por el corazón que te ha herido y no hieras al corazón que te ama. A veces puede tratarse del mismo corazón, y ahí está la paradoja: amar nos hace vulnerables (y la vulnerabilidad puede asustarnos) y, sin embargo, es una bendición tener el suficiente valor como para confiar en este vulnerable estado. Ya que en él es donde se forja una gran pureza y claridad interior: una cualidad tan indestructible que siempre sentirás un amor lleno de claridad. Porque al ser vulnerable el poder de la inocencia que surge de ese estado de conciencia te protege siempre.

Al vencer por fin tus miedos y eliminar cualquier vestigio de ellos, entras en un estado de normalidad, tus temores han desaparecido, la vida es simple, por eso al curar tu miedo, curas tu vida.

No olvides nunca que hay algo mayor que el miedo: el amor. Deja que el amor que hay en ti venza al miedo.

EL AMOR Y LOS PENSAMIENTOS

Cuanto estás enamorado tus pensamientos adquieren un nuevo poder e influencia, por eso es importante que tengas cuidado con lo que piensas. Considéralo de este modo: tus pensamientos se manifiestan con palabras, tus palabras se vuelven acciones, y tus acciones se convierten a menudo en hábitos que afectan a tu carácter y a tu personalidad. Si los pensamientos, las acciones y los hábitos son engañosos o desacertados, la energía del amor que hay en ti se quedará entonces atrapada y perderás la chispa del amor. De modo que sé hábil con tus pensamientos y tu forma de expresarlos. Con ello quiero decir que debes ser considerado y dejar que todos tus pensamientos estén impregnados de amor y que éste fluya en todo cuanto haces y dices. Deja que tus pensamientos, palabras y acciones surjan del amor: de un amor por ti, por esa persona especial a la que amas y por todos los seres.

El amor es la energía primigenia. Para amar siempre en la vida, encuentra el valor para fomentar en ti los buenos pensamientos, palabras y obras. El amor no es estático ni inmutable, sino que se está constantemente reinventando y renovando a sí mismo, gozando de su propia energía. Cuando aceptes este hecho, sabrás que el amor es un gesto que procede de tu yo más elevado.

Amar es tener la oportunidad de saborear el arrobamiento. Un arrobamiento que se encuentra, en este preciso instante, dentro de ti. Afronta este arrobamiento y contempla su luminosidad.

LOS HOMBRES Y LAS MUJERES

Durante mucho tiempo hemos estado creyendo que los hombres y las mujeres pertenecían a dos tribus muy distintas y hostiles entre sí. Pero en realidad esto no es más que una falsa idea. Lo cierto es que los hombres y las mujeres son las dos caras del amor buscándose a sí mismo a través de la experiencia humana.

Bajo el impulso que sentimos de tener una pareja yace el desasosegador deseo de experimentar la unidad. Hay un continuo deseo de conectar con la sabiduría de la especie humana inherente en la persona que nos atrae. Este deseo es optimista, natural y una expresión de la inmensa sabiduría que hay dentro de nosotros.

Sin embargo, en el mundo de hoy muchos hombres están confundidos y son ambivalentes en sus actitudes hacia las mujeres, desean una mujer que sea igual que ellos y, al mismo tiempo, les da miedo esta clase de mujeres y creen que se sentirían más cómodos con una a la que puedan dominar. Algunos hombres desconfían de las mujeres o sienten antipatía hacia ellas porque les recuerdan que no tienen la situación tan controlada como les gustaba creer. Esta ambivalencia procede de no comprender la naturaleza espiritual de los hombres y las mujeres. En este sentido es fundamental la relación que un hombre haya mantenido con su madre y lo que ella le haya enseñado, ya que tanto los hombres como las mujeres pueden ver a su madre como una fuente divina de la vida, como el centro del universo y el objeto tanto de miedo como de amor. Los chicos buscan inconscientemente lo divino a través de sus madres, en un intento de conocerlo, mientras que las chicas, que ya lo tienen en su interior al pertenecer al género femenino, buscan que los chicos se lo recuerden. Este antiguo legado es una enseñanza no verbal, la biblioteca del mundo.

En el mundo actual las mujeres son tratadas como segundonas, son víctimas de los estereotipos sexuales y desacreditadas tanto ante los ojos de los hombres como de las mujeres. Y, no obstante, en la antigua tradición bön se enseña que sin las mujeres, la raza humana no podría conocer la espiritualidad, ni la santidad ni la evolución emocional, y tampoco las verdades. El legado femenino es la clave para mantener el equilibrio en el mundo, el que permite que la trama de la vida en esta tierra se vaya reconstruyendo y que se manifiesten toda clase de conocimiento y de situaciones. Todo cuanto ocurre en el planeta se filtra a través de las mujeres, porque las mujeres son las reguladoras del planeta, al igual que las estaciones regulan la tierra. Sin embargo, del mismo modo que algunos hombres tienen ideas falsas sobre las mujeres, también algunas mujeres tienen ideas falsas sobre los hombres y los ven como criaturas serviles e inferiores a las que hay que adiestrar.

Todas estas ideas falsas que los hombres y las mujeres tienen sobre el otro sexo nacen del miedo. Debemos honrar a los hombres y a las mujeres y, al hacerlo, reconocer nuestros miedos y manifestar la serenidad que anida en nosotros. Ya que los hombres y las mujeres nos olvidamos de que no somos más que amor que busca manifestarse.

La mayor nostalgia que existe entre los sexos está motivada por la impermanencia del mundo físico, por nuestra corta vida y por el enorme potencial espiritual que podemos experimentar en nuestro interior. Nuestra vida es como una respiración súbitamente cortada, como un grito ahogado de sorpresa que una vez lanzado ya no volverá nunca a ser el mismo y que, sin embargo, una vez se expresa, se funde con todo cuanto existe en el mundo, visible e invisible. El principal impulso del amor es buscarle el significado a la impermanencia de la vida transformando el miedo, algo que los hombres y las mujeres intentamos hacer a través de nuestra conexión con el otro sexo.

EN BUSCA DEL AMOR

Mucha gente está buscando amor, tener una conexión especial con otra persona. Para la mayoría de nosotros, la mayor meta es encontrar una compañera o un compañero que simplemente por su presencia nos haga desear ser una mejor persona.

Pero el verdadero amor no entra en tu vida al encontrar a la pareja ideal, aunque la busques toda tu vida no la encontrarás, porque no existe. Todas las personas del mundo son imperfectas, es la marca de la condición humana, por eso el verdadero amor lo encontrarás cuando sepas ver las imperfecciones de una persona a la perfección. ¿Cómo puedes conseguirlo? Aprendiendo a vivir tu vida con amor.

Por más agudo que sea tu intelecto, tu inteligencia creativa o tu inspirada imaginación, no podrán ofrecerte la experiencia del amor. El amor impulsa al intelecto, la inteligencia y la imaginación a actuar, en cambio éstos no pueden revelar la verdadera naturaleza del amor. Para comprender la naturaleza del amor sólo necesitas ser bondadoso. La vida desea darte todo cuanto pueda, pero solamente podrá ofrecértelo si expresas amor. Lo que mucha gente necesita aprender en la vida es cómo amar a los demás y usar los objetos en lugar de amar a los objetos y explotar a la gente. Lo que importa no es cuántas cosas haces o ni siquiera lo que llevas a cabo, sino cuánto amor pones en ello. Cualquier persona con la que te encuentras, en cualquier etapa de la vida, te ofrece la oportunidad de amar. Oportunidad que puede darse simplemente al hacer un acto de bondad hacia alguien que necesita ayuda, al mantener una conversación trivial, o al experimentar un cálido momento con un desconocido.

Si acabas abrumándote o obsesionándote por el amor, no verás la realidad que el amor te revela. Si aceptas con calma y serenidad el amor, éste tomará refugio en tu vida y te hablará con palabras dulces y constantes ofreciéndote sabiduría y tranquilidad. Y entonces estarás preparado para encontrar otro ser humano con el que te vincularás profunda e intensamente.

Esta íntima naturalidad con la que el amor surge entre dos seres humanos no puede alcanzarse buscándola ni deseándola, ya que es la evolución espiritual la que crea las coincidencias divinas. No vayas en busca del amor. Tú ya lo tienes en ti.

Cuando encuentres el amor, recuerda que no puedes darlo por asegurado. Sólo el miedo exige una garantía, porque desde el punto de vista del miedo nada es lo bastante fuerte como para durar. Sin embargo, desde la posición del amor, no es necesaria ninguna.

Y por último no te olvides de quererte a ti mismo. El amor es verte reflejado en los demás, y si no te quieres a ti mismo, no podrás amar a otra persona. No intentes nunca que alguien te haga sentir lleno, valioso o querido, porque sólo tú puedes hacerlo. Sé consciente de tu corazón, pensamientos, palabras, acciones y creencias. Al hacerlo te convertirás en aquel que realmente eres y te harás cargo de ti mismo.

EL MATRIMONIO

Dos personas que se aman se encuentran en un lugar más sagrado que cualquier templo o edificio sagrado, ya que cuando amamos a alguien, el cosmos desciende y se recrea a través de nosotros. Todos nos formamos y creamos a través de aquello que amamos y que a su vez nos ama.

El matrimonio es la mezcla de dos energías opuestas, aunque esenciales, por eso crea expresiones de amor y el impulso de adquirir sabiduría. Lo cual no es más que la propia serenidad que une al cosmos.

Al hablar de matrimonio me refiero a la unión de dos personas, aunque no tiene por qué implicar siempre una unión formal, sino un compromiso mutuo. En la tradición bön el acto de la unión sexual se considera de por sí un matrimonio, porque durante esta unión uno toma la energía del otro.

Las parejas absorben la mente y el cuerpo del otro en su propio sistema energético, con lo que se desarrolla mientras se da esta unión una nueva versión de cada uno, y al mismo tiempo, siguen siendo ellos mismos. Por esta razón el matrimonio es el símbolo de ello, porque asumimos la parte más profunda de nuestra pareja: la energía de los dos miembros se combina para producir una nueva creación, una nueva forma de vivir, es decir, la relación de pareja. Un matrimonio maravilloso no surge cuando dos personas perfectas se conocen y deciden vivir juntas, sino cuando una pareja imperfecta aprende a disfrutar de sus diferencias en un espíritu de amor y, desde este punto de vista, los dos se ayudan mutuamente para convertirse en mejores personas. Un buen matrimonio no excluye al resto del mundo. El amor no consiste en contemplarse el uno al otro, sino en contemplar los dos el mundo exterior en la misma corriente de pensamiento.

Al considerar el matrimonio, experimentas la propia creación. El matrimonio es una experiencia tan importante como el nacimiento y la muerte. Nos vincula al pasado y nos guía a un futuro desconocido, creando una sensación de continuidad.

Todas las parejas casadas deben aprender el arte de hacer el amor, emocional, espiritual y físicamente, así como el camino del combate hábil y afectuoso, que consiste en saber discutir constructivamente. El combate hábil es imparcial y franco, y nunca brutal o malintencionado. Es bueno para tu salud y productivo, hace que los dos confiéis el uno en el otro por la dinámica comprensión que se da entre vosotros.

CUANDO EL AMOR SE ESTROPEA

Cuando el amor se estropea, nos culpamos a nosotros mismos, al mundo, a la pareja y a veces a los tres. Sin embargo, el amor no se estropea, sólo cambia su fluir. El amor es una fuerza poderosa que necesita un fuerte recipiente para contener su energía. Encontrará el camino más directo posible, pero si las estructuras no están en su lugar, intenta encontrar una conexión más duradera.

Todas las relaciones íntimas desiguales deben equilibrarse o si no se rompen. El secreto más sencillo para crear este equilibrio consiste en que los dos intentéis vivir día a día ayudándoos mutuamente, siendo afectuosos tanto con vosotros mismos como con el otro.

El amor se estropea cuando no aprovechas la oportunidad de quererte a ti mismo. No cometas el error de depender de tu pareja para sentirte amado y valioso, porque es responsabilidad tuya el sentir estas cualidades en tu interior. Si inicias una relación

sentimental teniendo una sólida sensación del yo y de tus cualidades, estarás preparado para dar y recibir amor.

En las relaciones duraderas a veces confundimos la comodidad y la costumbre con el amor. Aunque una y otra ocupen su
lugar en la vida, no te ofrecen lo mismo que el amor. El amor
aporta riesgo y transformación, en cambio la comodidad y la
costumbre crean un mundo más pequeño que resulta más fácil
de controlar.

Amar significa ser vulnerable a lo negativo y a lo positivo:
a la angustia, la infelicidad y la desilusión, así como a la dicha, a
la serenidad y a la expansión de la conciencia que antes ignorá-
bamos que pudiéramos alcanzar. La otra cara del amor no es el
odio, sino la indiferencia, y en el corazón de la indiferencia reside el miedo. El valor nace del amor y sin él el amor se marchita transformándose en hábito, o deja que la indiferencia
predomine.

Los celos suelen vincularse al amor y, sin embargo, son una
enfermedad, mientras que el amor es un estado saludable. La
mente inmadura a menudo confunde una cosa con la otra, o su-
pone que cuanto más amor, más celos. Pero en realidad ambas
cosas son incompatibles, cuando los celos están presentes, el
amor apenas tiene cabida. El amor que exige es en el fondo miedo. Saber amar sin exigir nada a cambio es uno de los mayores
signos de la iluminación más elevada.

Cuando te separas de tu pareja, esa experiencia puede re-
sultarte terrible y destrozarte por dentro. Pero esto te ocurre
porque ves el amor de una forma limitada y temerosa, apegándote a los conceptos del principio y el fin. El amor verdadero
dura para siempre. El sufrimiento, las tragedias y el odio sólo
son temporales. En cambio, la bondad, los recuerdos y el amor
son eternos.

Meditación para curar el fin de una relación

Si sabes que la relación que mantienes con tu pareja se ha terminado, esta meditación te ayudará a superar la experiencia. Practica esta meditación tan a menudo como desees.

Cierra los ojos, visualiza a tu ex pareja desnuda. Visualiza ahora que una clara luz blanca que fluye de lo alto la baña por completo. Tu ex pareja se disuelve en esta luz, al tiempo que las partes de tu ser se disuelven en ella y las partes de tu ex pareja se disuelven en ti. Cualquier emoción negativa desaparece y tú te quedas con las lecciones que enriquecen tu vida. Da las gracias y permanece en silencio durante el tiempo que desees.

LA IMPORTANCIA DEL AMOR

El amor enriquece el alma, alegra el corazón y consolida la sacralidad de la vida.

En todos los años que he estado trabajando en mi clínica de Londres y dando conferencias y seminarios por todo el mundo, nunca he conocido a nadie cuyo mayor deseo no fuera experimentar un sincero e ilimitado amor.

Si te enteraras de que sólo te quedan unos momentos de vida, ¿qué es lo que desearías expresar a las personas que más te importan? Yo creo que todos responderíamos que desearíamos expresarles amor.

Con el amor no hay confusión. Lo sientes en tu corazón como la compartida trama de la vida, como el brillo que crea una pura pasión en tu alma, que sostiene tu espíritu y fomenta la comprensión y la tolerancia en tu vida. Es la conexión que mantienes con la espiritualidad y la santidad, y el vínculo más poderoso que te une a los demás. Para poder crear algo valioso en tu vida, debes sentir un vibrante goce, ¿y acaso el amor no es el mayor goce que existe? Cuando dudes en tu vida, sé paciente respecto a aquello que desconcierta a tu corazón. En tu vida habrá momentos en los que tendrás más preguntas que respuestas. Para encontrar las respuestas correctas, debes querer a las propias preguntas. Vierte amor sobre ellas hasta que se fundan. El amor también te ofrece la llave para alcanzar la libertad. Ser libre no consiste en liberarse de las limitaciones, sino en vivir de una forma que respete, inspire y aumente la libertad de los demás, es decir, en vivir una vida llena de bondad. Para lograrlo, nunca te decantes por una acción negativa y deja que todo cuanto hagas en la vida esté motivado por el amor. Trata a todo el mundo y a todo con amor, tanto si se trata de un triunfo, un desastre, un amigo, un enemigo, un problema o una alegría.

Meditación sobre el amor

Esta meditación te ayudará a conectar con la energía del amor que existe en todas las cosas y en todas las personas del mundo. Te permitirá aumentar tu experiencia del amor y te conectará con el amor espiritual más profundo que vive dentro de todos.

También te ayudará a que una persona especial llegue a tu vida, si eso es lo que estás buscando.

Como esta meditación es muy sencilla y poderosa, te sugiero que la hagas por etapas.

Practícala primero durante nueve días, para que te acostumbres a ella, y realízala después durante dieciocho. A partir de entonces puedes llevarla a cabo durante veintisiete días. Entre cada una de estas etapas estate nueve días sin hacerla.

En cada uno de estos ciclos te sugiero que practiques la meditación a la misma hora cada día. El mejor momento del día es de las cinco a las diez de la mañana, y después de las cuatro a las siete de la tarde. Aunque también puedes hacerla de las once a la una de la noche.

Cierra los ojos.

Da las gracias por todos los desengaños, las heridas emocionales y las dificultades que ha habido en tu vida relacionadas con el amor.

Da las gracias por todos los momentos maravillosos y felices que el amor te ha dado.

Y por último da las gracias por poder dar las gracias.

Mantente ahora en quietud lo máximo posible. Sé consciente del espacio que te rodea y de los latidos de tu corazón. Concéntrate en ellos y a cada latido visualiza que tu cuerpo y tu mente empiezan a brillar. Percibe ahora que tu cuerpo irradia luz. La luz se va volviendo más brillante, hasta que deja de ser perlada para volverse transparente y entonces se pone a cantar con una voz clara y acampanada que acaba sonando como mil campanas.

Escucha atentamente, escucha la canción y las palabras que te transmite. Sé consciente de que aunque la melodía, las notas y el ritmo de la canción son los mismos para todos, las palabras son distintas para cada uno, te ofrecen un único mensaje. Mientras escuchas las palabras, oirás el mensaje especial que te transmiten.

Mientras las escuchas, pronúncialas tú también cantando y guárdalas en el fondo de tu alma. Cuando sientas que estás preparado para detenerte, deja que la canción se funda con el mundo que te rodea. Inspira y espira lentamente, da una palmada con determinación, fuerza y energía para concluir la meditación y ve saliendo poco a poco de ella.

Aunque esta meditación es sencilla, te revelará muchas cosas. Cada vez que la hagas, las palabras serán las mismas, hasta que hayas aprendido la lección que tu alma te está enseñando. Pero cuando estés preparado para dar el siguiente paso, las palabras cambiarán, aunque la canción siga siendo la misma.

El matrimonio de Lorna se fue a pique, y después de un horrible divorcio, al quedarse sola, se sintió destrozada y con el corazón totalmente roto. Sentía que había perdido al amor de su vida, y cuando su marido inició una nueva relación sentimental, ella enfermó.

A medida que su enfermedad empeoraba, el dolor de la separación se volvió más intenso. Cuando vino a verme, Lorna había desarrollado los síntomas de la fatiga crónica, estaba constantemente enferma y agotada, y creía que la vida no valía la pena.

Le pedí que practicara la meditación sobre el amor y, al mismo tiempo, que se concentrara en ocuparse de sí misma de una forma afectuosa y sustentadora.

Después de meditar durante nueve días, sintió un cambio en su energía. Y cuando ya llevaba dieciocho meditando, volvió a tener ganas de salir al aire libre y montar en su caballo, algo que no había hecho durante un año. Tras meditar durante veintisiete días más, se sintió lo bastante fuerte como para empaquetar las pertenencias de su marido y enviárselas acompañadas de una cálida nota en la que le deseaba lo mejor.

A partir de entonces Lorna volvió a gozar de buena salud y al cabo de un año inició una nueva relación. Recuperó las ganas de vivir y fue capaz de ver todo lo bueno que ella y su marido se habían ofrecido durante los cinco años que habían estado juntos.

Terence lo tenía todo menos el amor. Disfrutaba de una buena posición económica y tenía un excitante trabajo como presentador de un informativo, pero su vida amorosa era un desastre. A medida que iba de una relación fracasada a otra, se sentía cada vez más abatido. Anhelaba mantener una relación seria y tener hijos, pero las mujeres a las que atraía no estaban interesadas en una relación duradera.

Terence empezó a hacer la meditación sobre el amor y al cabo de poco descubrió que estaba persiguiendo demasiado el amor y que debía dejar que le llegara de manera natural. Concentró su energía en sentirse atractivo y en permanecer sereno, relajado y abierto. Durante seis meses no pidió a ninguna mujer que saliera con él ni intentó tener una cita, simplemente se dijo que el amor llegaría a su vida en el momento oportuno.

Un día una mujer a la que Terence conocía hacía un tiempo y a la que consideraba una amiga le dijo que se había enamorado de él. Terence se quedó sorprendido y encantado al descubrir que él también sentía lo mismo por ella. Un año más tarde se habían casado y ahora, al cabo de seis, ya tienen dos hijos y son sumamente felices.

6

La soledad

Todos nos sentimos solos en algún momento de nuestra vida. Forma parte de la condición humana el sentirse a veces solo, independientemente de que los demás estén presentes o no.

Para algunas personas la soledad es un estado transitorio y breve, en ese caso sólo necesitan aceptarla y comprenderla. Pero para otras no es una etapa temporal sino una forma de vivir que surge al sentirse atrapadas, y cuando esta situación ocurre suele producir un gran sufrimiento.

La soledad no es lo mismo que estar solo. Es muy posible estar solo y sin embargo sentirse satisfecho, realizado y en paz con uno mismo. En este estado de soledad está presente la alegría y las experiencias positivas, tienes el tiempo y el espacio necesario para explorar tu vida interior, sentir la tranquilidad y pasar unos ratos maravillosos contigo mismo. Pese a la soledad te sientes conectado con los demás. En este apacible estado no hay miedo ni agitación.

En cambio, existe otra clase de soledad en la que te sientes infeliz al estar solo, separado del resto del mundo, incapaz de comunicarte con los demás, de mantener una conexión con ellos. En esta clase de soledad te sientes vacío, impotente en tu aislamiento y te cierras a la vida.

Hay distintas clases de soledad. Puedes percibirla como emociones vagas e indefinidas que te dicen que algo no va bien, una especie de vacío fugaz. O también como una intensa sensación de retraimiento, como un agudo dolor o una constante y deprimente molestia.

La soledad también puede proceder de muchas causas superficiales. Puedes sentirla al echar de menos a alguien que ha muerto o a la persona de la que te has separado. O al vivir o trabajar solo y mantener poco contacto con los demás. O quizá se deba a que, aunque vivas rodeado de gente, e incluso tengas una pareja, te sientas desconectado, que no te escuchan, o seas incapaz de intentar buscar contacto y apoyo.

La soledad tiene en común el patrón que crea en ti de levantar muros en lugar de tender puentes. Cuanto más solo te sientes, más te aíslas de los demás y más te cuesta imaginarte conectando de una forma verdadera y significativa con otra persona.

Cualquier clase de soledad tiene también en común que procede de la misma causa: el miedo. Y en nuestro mundo moderno el miedo y, por tanto, la soledad están aumentando. Muchos personas vivimos en una sociedad, sobre todo en Occidente, en la que cada vez son más las personas que se sienten aisladas y desconectadas de cómo se sienten y de cómo estas sensaciones afectan al mundo. La sensación de desconexión genera miedo, y esta emoción a su vez genera soledad. Lo trágico del caso es que nadie necesita sentirse solo, porque la soledad, al igual que los otros estados, no es más que un estado mental. La diferencia entre una soledad gozosa y una terrible se encuentra dentro de cada uno. Y si estás dispuesto a llevarlo a cabo, puedes aprender a eliminar el sufrimiento de la soledad y transformar la amargura que produce en una dulce paz interior y en la facultad de poder elegir la soledad o la significativa compañía de los demás.

La soledad, al igual que todas las otras situaciones humanas, tiene sus grandes ventajas si estás dispuesto a verlas. Al explorar tu soledad, descubrirás el propósito de tu vida, qué es lo que deseas hacer y la razón de tu existencia. También descubrirás la serenidad que hay en ti y tu capacidad para pensar, crear e interactuar con los demás.

En este capítulo explicaré con más profundidad la soledad y aquello que la causa. Y luego te mostraré cómo transformarla y eliminarla, para que descubras la soledad positiva y conectes con los demás de una forma satisfactoria.

UNA FALSA IDEA SOBRE LA SOLEDAD

La soledad puede intensificarse por medio de lo que tú te digas a ti mismo de ella. Muchas personas albergan falsas ideas sobre la soledad y se las repiten a sí mismas, reforzando así los mensajes infelices que ellas mismas se envían. Como, por ejemplo, la idea acerca de que la soledad es un signo de debilidad, de inmadurez, de que hay algo en ti que no va bien.

Muchas personas creen que son las únicas que se sienten solas, que los demás gozan de unas relaciones maravillosas y conectan con los demás con mucha facilidad. Pero de más está decir que todas estas ideas son falsas. Sin embargo, si albergas alguna de ellas, creerás que tu sensación de soledad se debe a un defecto de tu personalidad. Y al pensar de esta forma puedes tener los siguientes problemas:

- Un mayor miedo a correr riesgos en cuanto a relacionarte con los demás, como hacer llamadas telefónicas para iniciar un contacto social, presentarte a otras personas y formar parte de cualquier clase de grupo, desde círculos de lectura hasta fiestas.

- Expresas menos lo que sientes y respondes menos a los demás.
- Tiendes más a abordar las reuniones sociales con cinismo y desconfianza.
- Eres más proclive a evaluarte a ti y a los demás negativamente.
- Esperas más que los demás te rechacen.

Las personas que experimentan una sensación de soledad suelen decirme que se sienten deprimidas, enojadas, incomprendidas y que tienen miedo. Muchas son sumamente críticas consigo mismas, sensibles en exceso y se autocompadecen, critican a menudo y también culpan a los otros. Por eso perpetúan su soledad con su comportamiento. Algunas, por ejemplo, al desanimarse, pierden el deseo de participar en situaciones nuevas y se aíslan de los demás y de las actividades. Otras afrontan la soledad involucrándose con demasiada rapidez y profundidad con la gente o realizando una diversidad de actividades, sin evaluar las consecuencias que ello tendrá. Más tarde quizá se descubran manteniendo una relación insatisfactoria o se dejen absorber por el trabajo, la religión o el estudio.

En lugar de considerar la soledad como algo malo, como un defecto o una característica inalterable de la personalidad, hay la alternativa de reconocer que esta sensación es común en muchas personas de distintos sectores de la sociedad y que, en lugar de ser una experiencia «inamovible», puede transformarse en una por completo diferente. La soledad es simplemente la señal de que ciertas necesidades importantes no están siendo satisfechas y que hay que actuar.

LA SENSACIÓN DE PESAR

El pesar es una emoción que te mantiene adicto a la soledad. Ésta suele surgir de un profundo y pertinaz estado de pesar que yace en el fondo de tu ser. Pero también puede proceder de unas relaciones infelices, de no estar haciendo aquello que tú quieres o de no vivir como debieras. O incluso de la propia naturaleza de la existencia, de la vida y de los seres humanos. A veces el mundo puede ser un lugar abrumador y poderoso que te lleva a marginarte de la vida.

Y cuanto más te apartas de ella, más crees que la única forma de afrontar la vida es huyendo de la realidad. Cuando sientes esta clase de pesar, te creas por desgracia una lúgubre existencia a través de tus miedos. Pero aunque estés atenazado por un poderoso pesar, puedes cambiar tu experiencia de la soledad. Dentro de todos nosotros hay un lugar en el que vivimos solos y renovamos nuestro yo interior. En él creas unos pensamientos inspirados que te llevan a conocerte a fondo. Es un lugar libre de pesar y de miedo, y cuando sabes ir a él, puedes elegir no sentirte solo.

LA HERENCIA OCCIDENTAL DE LA SOLEDAD

La soledad prevalece en el desarrollo actual de la sociedad occidental por una serie de razones.

En Occidente la mayoría de las personas vive en comunidades densas y pobladas en las que están físicamente muy cerca unas de otras, pero emocionalmente muy lejos. Una gran proximidad física no se traduce siempre en relaciones estrechas o comunidades, y el resultado es lo que yo llamo una «soledad abarrotada».

En la actualidad también trabajamos más y estamos a causa de ello menos conectados en un sentido social y comunitario. Cuando las plantas industriales y las oficinas que están activas las veinticuatro horas del día son las que determinan la economía de una zona, las personas que residen en ella no se conocen entre sí. Y las que trabajan muchas horas suelen llevar una vida más solitaria y menos satisfactoria.

La soledad es uno de los resultados de la creciente fragmentación familiar y de la cada vez mayor cantidad de familias rotas. Además, en muchas zonas la población de mayor edad vive separada de la más joven, y esto aumenta los miedos y las enfermedades de la sociedad.

Otra razón del aislamiento social es el predominante deseo de gozar de privacidad. La privacidad es un invento moderno que ha acabado considerándose indispensable e incluso un símbolo de buena posición social en muchas comunidades. Pero la privacidad va unida al distanciamiento, y los que se encierran tras las paredes y alarmas de sus casas tienen menos posibilidades de mantener un contacto cálido con los vecinos.

En la sociedad actual se valora la movilidad, la privacidad y la comodidad, todo lo cual aumenta potencialmente el aislamiento y la soledad y hace que sea casi imposible desarrollar un espíritu comunitario.

En otras épocas de la historia humana, cuando la mayor parte de la comunidad estaba formada por clanes familiares, era inimaginable que los adultos vivieran solos y valoraran hasta tal punto la privacidad que la antepusieran al contacto humano. Y sin embargo en la actualidad muchos adultos, sobre todo los más jóvenes y los más ancianos, aunque a menudo también los que se encuentran en medio de estos dos grupos, viven solos durante largas temporadas. Los jóvenes retrasan el mantener una relación seria o se casan más tarde, aumentando la cantidad de años de soltería. La búsqueda del éxito material, de la identidad y la realización personal son a menudo el motivo para seguir solteros más tiempo y del aumento de los adultos que deciden vivir la mayor parte de su vida solos. En la actualidad en el mundo occidental uno de cada cuatro hogares está formado por una única persona. Si esta tendencia sigue aumentando, la proporción será pronto de uno por cada tres hogares durante el resto del siglo XXI. El siglo XX ha sido la centuria de la violencia, mientras que el XXI se convertirá en el de la soledad.

No sólo en esta generación la gente se casa menos y más tarde, sino que permanecen casados menos tiempo que sus padres. La generación actual tiene una tasa de divorcios más elevada que la de ninguna otra generación. Y las parejas no sólo se divorcian con más frecuencia, sino también más pronto. Cuando la tasa de divorcios se disparó en las décadas de 1960 y 1970, el aumento no se debió a la generación Nesters, cuyos miembros se divorciaban después de que sus hijos se hubieran independizado, sino a las parejas jóvenes que se divorciaban incluso antes de tener hijos. El resultado es que cada vez hay más adultos de mediana edad viviendo solos.

Y mientras que el aumento de adultos viviendo solos no tiene precedentes, muchos otros que viven en pareja se sienten también solos. Al aumentar la libertad sexual y las oportunidades para elegir un estilo de vida, muchos adultos se comprometen menos que las generaciones anteriores a intentar hacer que el matrimonio funcione. Las relaciones, que deberían ser una fuente de estabilidad e intimidad, suelen producir incerteza y aislamiento y los que no saben vivir en pareja se sienten más solos que una persona que viva sola.

El cambio de papeles en los hombres y las mujeres también ha creado una turbulenta crisis de expectativas. En las últimas décadas las expectativas que los hombres tienen de las mujeres y las mujeres de los hombres han cambiado de manera irreversible. Cuando estas expectativas no coinciden con la realidad, se instala la decepción y la soledad.

Cuando les hablo de estos temas a las personas que vienen a verme, sean cuales sean los problemas que tengan, cada vez más obtengo las siguientes respuestas, que sólo sirven para aumentar la sensación de soledad. Las impresiones personales que me describen son:

- Que no pueden recurrir a su pareja cuando se sienten desanimadas.
- Que su pareja no comparte con ellas su vida.
- Que se sienten aisladas de su pareja, aunque estén en la misma habitación.
- Que se sienten infelices por la falta de comunicación que hay en su relación.
- Que sienten que no conocen realmente a su pareja.

Estas cinco impresiones indican que la soledad se ha convertido en una creencia social y en un extendido estado mental.

LA SOLEDAD Y EL LEGADO CRISTIANO

En la tradición cristiana que tanto ha influido en Occidente, las enseñanzas de Cristo han apoyado la soledad, creando un legado de pesar cultural. Es obvio que Jesús experimentó la soledad. Cuando dijo «Porque tuve hambre, y me disteis de comer», no se estaba refiriendo sólo a que estaba hambriento de comida, sino también de amor. Jesús vivía entre su gente desempeñando el papel de maestro y sus seguidores no querían tener nada que ver con él. A Jesús esta situación relacionada con las creencias y las acciones fomentadas por el dogma de sus discípulos le dolía emocional y espiritualmente, y siguió doliéndole hasta el último momento. Esta especie de hambre, la propia soledad, el hecho de no ser aceptado, ni amado, ni querido como compañía por los demás constituye una enfermedad del mundo moderno que la cristiandad, en sus distintas manifestaciones, nos ha transmitido en la conciencia.

Según esta herencia recibida inconscientemente del cristianismo, cada ser humano se parece a Jesús, el maestro espiritual, en su soledad. Éste es el legado heredado por Occidente, grabado por la religión y sustentado por la cultura popular.

LOS HOMBRES Y LA SOLEDAD

El miedo ha encontrado el mejor camino hacia la soledad precisamente a través de los hombres. Las mujeres tienden más que los hombres a expresar sus emociones y a ser comprensivas con las necesidades emocionales de los demás. Pero los hombres, en cambio, se aíslan con frecuencia movidos por el miedo, por eso tienen menos amigos íntimos que las mujeres.

Las siete siguientes características negativas de la soledad están estrechamente entretejidas en el legado masculino del mundo moderno. Todas ellas se convierten en barreras para la amistad y la intimidad, y surgen del miedo y la falta de serenidad.

1. A los hombres no les gusta que los demás perciban sus emociones. Les da miedo expresar sus sentimientos. Desde la infancia nuestra cultura ha enseñado a los hombres que deben ser fuertes

y resistentes, por esta razón, como hombres, eluden las responsabilidades emocionales. Esta clase de aversión hace que les resulte difícil mantener relaciones profundas, por eso les cuesta hacer amistades y conservarlas, porque no les han enseñado la verdad acerca de que la masculinidad surge de la humanidad.

2. Los hombres han creado un obstáculo para el verdadero compañerismo. Aunque se reúnan para realizar actividades comerciales, divertirse o pasar el tiempo, raras veces lo hacen por el simple hecho de disfrutar de otros y encontrar en ellos una verdadera camaradería.

3. Los hombres han aprendido a crear y transmitir pobres ejemplos emocionales y espirituales. La fachada de tipos duros, agresivos y fuertes de que hacen gala les impide conocerse a sí mismos y conocer a los demás.

4. La poderosa influencia de la rivalidad masculina significa que los hombres creen que tienen que sobresalir en todo cuanto hacen para llegar a ser alguien o conseguir algo importante. Pero esta falsa suposición fomenta un espíritu competitivo que es un obstáculo para la amistad.

5. Los hombres no suelen pedir ayuda, porque lo ven como un signo de debilidad. Este torpe intento de ser autosuficientes les impide mantener relaciones satisfactorias.

6. Para muchos hombres el éxito y la posición social están determinados por la riqueza material en lugar de por la calidad de las estrechas amistades que mantienen. Los hombres tienden a limitarlas y, por tanto, limitan su propia identidad.

7. Los hombres suelen centrarse en un solo aspecto de la vida, como la profesión, en detrimento de los otros. Al hacerlo es mucho más probable que tengan una crisis personal. Muchos tienen en la actualidad un limitado sentido de su identidad, lo cual les hace frágiles. Los hombres necesitan expandir su sentido de la identidad viendo los numerosos papeles que desempeñan en lugar de fijarse sólo en uno o dos.

LA TRANSFORMACIÓN DE LA SOLEDAD

La soledad es un estado de sumisión, y cuando lo aceptamos pasivamente, lo seguimos manteniendo. El miedo que se oculta detrás de la soledad quiere que las cosas sigan tal como están y este miedo nos impide actuar. Esperamos que la sensación de soledad desaparezca y, sin embargo, dejamos que nos ahogue.

Aceptar la soledad y las experiencias infelices que van unidas a ella lleva al abatimiento y a la indefensión, lo cual crea a su vez incluso una mayor pasividad si cabe. Para transformar la soledad es necesario actuar. La sensación de soledad no es inútil ni una pérdida de tiempo, al contrario, en la cultura bön tibetana constituye una de las experiencias necesarias por las que se debe pasar para descubrir el verdadero potencial personal y para que la fuerza interior de uno y la sabiduría crezcan. Todos tenemos dentro, esperando a ser descubierto, un fuego interior que es capaz de consumir la soledad y el miedo oculto detrás de ella, revelando la maduración del alma. Muchas personas del mundo entero están soportando las dolorosas lecciones de la soledad para poder acceder a una nueva dimensión de la conciencia. Ésta se manifestará a medida que vayas descubriendo el gozo de transformar la soledad en serenidad y alegría. Los tres pasos siguientes te muestran cómo transformar la soledad:

- Resérvate un rato cada mañana, pongamos que de quince minutos, para permanecer en silencio. Pronto descubrirás que varios minutos diarios de silencio voluntario alivian meses de soledad.

- Dedica además un poco de tiempo cada día a mirar dentro de ti y a descubrir las causas de tu soledad. No temas aceptar el pesar que tus miedos han creado y los hábitos que has adquirido para distanciarte del mundo. Al observarlos y comprenderlos a diario, tus miedos cambiarán. Cuando estés dispuesto a abrirte al dolor que te producen, se transformarán en amor y la soledad dejará de atenazarte.

- Expresa tus sentimientos escribiendo un diario, pintando, componiendo poemas o realizando alguna otra actividad creativa. Al expresar así la energía emocional que hay en ti, se revelarán los sentimientos que se esconden detrás de tu soledad.

Soluciones prácticas

A veces, además de seguir un camino espiritual, es necesario buscar soluciones prácticas para la soledad. Esta sensación suele desaparecer al aprender a ser más independiente y conectar con los demás.

Cuando estés dispuesto a buscar una amistad, te sentirás en el acto más vital, feliz y seguro.

Las siguientes ocho sugerencias te servirán para hacer amistades, una o más de ellas te serán muy útiles para superar tu sensación de soledad.

1. Busca cada día distintas formas de relacionarte con los demás. Entabla conversaciones con la gente cuando se dé la oportunidad y muestra una cálida actitud a los desconocidos.

2. Participa en situaciones en las que puedas conocer a personas nuevas, quizá realizando actividades que de veras te interesen, u ofreciendo tu ayuda y apoyo a los demás.

3. Aprende de los demás. Cuando veas a alguien que sabe conectar con los demás y hacer amistades, aprende de esa persona, ya sea observándola o pidiéndole que te dé algunas ideas para desarrollar esta habilidad.

4. Fortalece tus habilidades sociales sonriendo, hablando y participando con los demás siempre que sea posible.

5. Intenta ver a cada persona con la que entres en contacto desde una nueva perspectiva en lugar de juzgarla de antemano.

6. Evita mantener una amistad íntima enseguida compartiendo tus sentimientos con demasiada rapidez o esperando que la otra persona haga lo mismo. Deja que el proceso se desarrolle de manera natural.

7. Valora todas tus amistades y sus características únicas en lugar de creer que tu soledad sólo desaparecerá al mantener una relación sentimental.

8. Prepárate para confiar en los demás sin esperar nada a cambio.

APRENDE A QUERERTE

La misión inconsciente de todos es huir de la soledad que sentimos al perder contacto con la energía sagrada de la esencia de la vida. Sin embargo, la respuesta no está en intentar huir de la soledad sino en aceptarla aprendiendo a quererte. Ya que cuando aprendes a sentirte a gusto con tu propia compañía no te sientes nunca solo. Aprende a quererte y tu sensación de soledad desaparecerá. La tradición bön tibetana sugiere que quererse a uno mismo es el primer paso esencial para hacerse cargo de la propia vida y lograr que sea gratificante.

Al quererte te sientes en el acto más seguro y esta sensación te ayuda a abrirte al mundo y a identificarte y conectar con los demás. Este aspecto es importante, pues quererse a uno mismo y prescindir de los demás no es más que otra forma de miedo que produce la peor sensación de soledad de todas.

En el corazón de toda soledad humana hay el intenso e irreprimible deseo de entrar de nuevo en contacto con el propio yo. Venimos al mundo solos y lo abandonamos solos, pero no nacemos con una sensación de soledad. Al principio estamos en paz con nosotros mismos, nos sentimos conectados y completos. Pero por desgracia muchas personas acaban con el paso de los años perdiendo el contacto con su yo interior. Y a medida que lo van perdiendo, el miedo se va apoderando de ellas.

Lo cierto es que nunca has dejado de estar unido a tu yo interior, lo único que ocurre es que estás confundido. Pero cuando tu confusión desaparezca, volverás a sentirte conectado contigo mismo, con la vida, el amor, la serenidad y los demás.

Quererte a ti mismo es esencial para valorarte interiormente y mantenerte equilibrado. Puedes lograrlo sabiendo cómo vivir y conociendo el valor de tu vida y cómo influye en los demás. Al quererte, la sensación de separación y soledad desaparece y conectas con todo cuanto hay en el mundo, animando a los demás a quererte y a desear disfrutar de tu compañía. La meditación que te propongo a continuación te enseña a quererte. Te sugiero que la hagas al menos una vez al día durante diez minutos.

Meditacion para quererte a ti mismo

Siéntate en quietud y cierra los ojos. Visualiza que tu cuerpo se convierte en un montón de cenizas y que después recupera su forma original. Todas tus emociones y negatividades del pasado han desaparecido y ahora te sientes totalmente relajado, sereno y renovado.

Para aprender a quererte, además de concentrarte en el mundo espiritual, es importante que te ocupes de ti de forma práctica. Este interés es una parte vital para aprender a quererte y apoyar tu desarrollo espiritual. Asegúrate de seguir una dieta sana, hacer ejercicio y dormir las suficientes horas. Y alimenta tu espíritu haciendo cosas que te gusten, como escuchar música, leer poesía o pasear por un bello entorno.

No te definas nunca como una persona solitaria. La sensación de soledad disminuye cuando te fijas y concentras tu energía en aquello que necesitas y que tú mismo puedes satisfacer. No esperes que tu soledad desaparezca por sí sola; si sigues adelante en tus propósitos, al final acabarás experimentando unas sensaciones positivas.

A Sam le costaba conectar con los demás. Cuando tenía veintidós años la chica con la que había estado manteniendo una relación seria durante dos años le dejó y él reaccionó volviéndose tímido y retraído. Cuando le conocí, Sam tenía ya veintiocho años y se sentía muy solo. Trabajaba por su cuenta como decorador y vivía en un apartamento pequeño. En su hogar reinaba el desorden, al igual que en su vida. Sam no tenía idea de cómo cuidar de sí mismo y no confiaba en su habilidad para interesar o atraer a los amigos ni a posibles parejas.

Vino a verme porque le dolía la espalda, pero enseguida com-prendí que el problema que tenía con la espalda no era más que el aspecto superficial de su soledad, el problema que había en su vida.

Mientras le trataba la espalda, le pedí que practicara la medita-ción para quererse a sí mismo a diario. Al principio se sorprendió, pero como era un joven sensible e inteligente, enseguida reconoció que esta meditación podía ayudarle. Le sugerí que intentara cui-darse, asegurándose de seguir una dieta sana, de dormir lo suficien-te, cuidar de su aspecto y de crear un ambiente agradable en su casa.

Durante los siguientes meses la espalda de Sam mejoró, así como su aspecto en general. Al volver tenía un aspecto cuidado y limpio y me contó que había decorado su apartamento, se había comprado ropa nueva, había dejado de fumar y mejorado su dieta.

En su última visita, Sam me dijo que estaba saliendo con una chica que había conocido en el supermercado del barrio. Había reu-nido el valor para conversar con ella y enseguida descubrieron que tenían muchas cosas en común. Para Sam el cuidar de sí mismo fue el camino para librarse de su soledad.

LOS CUATRO SUFRIMIENTOS DE LA SOLEDAD

En la tradición bön tibetana se dice que la soledad crea cuatro su-frimientos. Los enumero a continuación. Léelos en voz alta uno a uno sopesándolos y considerándolos. Esta forma de meditación al recitarse en voz alta despertará las respuestas que hay en tu in-terior y te permitirá ver cómo cada uno de los sufrimientos cau-sados por la soledad ha influido en tu vida. Las instrucciones para respirar lentamente que aparecen al principio y al final de cada sufrimiento están concebidas para aumentar tus percepcio-nes interiores.

Escribe los sentimientos y las respuestas que surjan de tu interior después de haber recitado cada punto en voz alta. Hazlo a diario al menos durante doce días. Considera después todas las respuestas y cómo reflejan y revelan tu yo interior.

La práctica de esta meditación te ayudará a superar la soledad y a sentirte en paz y satisfecho en tu interior.

Meditación sobre los cuatro sufrimientos de la soledad

Cada inhalación y exhalación se cuenta como un ciclo.

(Inhala y exhala lentamente nueve veces y recita la primera frase.)
Primero: el sufrimiento de la soledad producido por las relaciones infelices.
(Inhala y exhala lentamente nueve veces y considera lo que significa.)

(Inhala y exhala lentamente siete veces y recita la segunda frase.)
Segundo: el sufrimiento de la soledad procedente de no hacer lo que te gusta.
(Inhala y exhala lentamente siete veces y considera lo que significa.)

(Inhala y exhala lentamente cinco veces y recita la tercera frase).
Tercero: el sufrimiento de la soledad procedente de no vivir como deberías hacerlo.
(Inhala y exhala lentamente cinco veces y considera lo que significa.)

(Inhala y exhala lentamente tres veces y recita la cuarta frase.)
Cuarto: el sufrimiento de la soledad que emana de la naturaleza de la existencia humana.
(Inhala y exhala lentamente tres veces y considera lo que significa.)

Cada persona, durante esta vida, hemos padecido alguno de estos cuatro sufrimientos. Pero al saber que la soledad no es una situación duradera puedes superarla.

El amor y la serenidad disuelven cualquier sentimiento de soledad, ya que ésta no es más que relacionarnos de una manera temerosa y torpe con el mundo que nos rodea. Resérvate un rato cada día para permanecer en silencio y conectar con tu corazón y reside luego en la serenidad que hay en ti.

La vida es sagrada y todos estamos conectados unos con otros y somos responsables del bienestar de los demás. Cada día puedes conocerte mejor a ti mismo a través de las experiencias de los demás, ya que no estamos separados sino que formamos parte de la familia humana.

Julia, una exitosa doctora, había estado viviendo sola desde que su última relación sentimental había terminado, hacía cinco años. Ahora que tenía cincuenta y cinco años se encontraba en una buena posición económica, poseía una preciosa casa y tenía tres gatos a los que adoraba. Su trabajo la llenaba mucho y no tenía ningún deseo de iniciar otra relación. Sin embargo, Julia se sentía sola y anhelaba sentirse más a gusto y en paz consigo misma. No estaba interesada en formar parte de ningún club, nunca se había sentido cómoda en los grupos. Tenía un puñado de buenos amigos que eran importantes para ella, pero no llenaban el vacío que sentía cuando estaba sola.

«¿Cómo puedo ser más feliz cuando estoy con mi propia compañía?», me preguntó. Admitió que era sumamente crítica consigo misma y creía que debía tener un defecto porque se sentía sola.

Le pedí que dejara de criticarse a sí misma y que pensara, por el contrario, que había elegido vivir sola y que gozaba de una vida excelente. Además, le pedí que practicara la meditación sobre los cua-

tro sufrimientos causados por la soledad a diario durante doce días y que se fijara en los efectos que le producía.

Cuando Julia vino a verme de nuevo, me dijo que después de hacer la meditación había descubierto que su sensación de soledad procedía de su infancia. Siempre había sido una niña solitaria, pero su padre había sido muy crítico con ese rasgo suyo y le estuvo repitiendo siempre que debía relacionarse con otras niñas. En cuanto hizo este descubrimiento, pudo dejar de criticarse y empezar a disfrutar de su propia compañía, algo que había hecho de manera natural de niña.

7

La sensación de agobio

¿Alguna vez has buscado desesperadamente en tus bolsillos las llaves? ¿O al entrar a una habitación te has olvidado de lo que ibas a buscar en ella? ¿O te has olvidado de la palabra que tenías en la punta de la lengua? ¿Te has sentido alguna vez cansado de pronto o has experimentado extraños cambios en el tiempo? ¿Te has preguntado en algún momento qué está ocurriendo con tu memoria a corto plazo?

Probablemente has contestado afirmativamente al menos a una de estas preguntas. Y es lógico, porque todas las situaciones que he citado indican una sensación de agobio y vivimos en una época en la que sentirse abrumado es lo normal para la mayoría.

La cantidad de información que se espera que asimilemos en un día es muchísimo mayor que la que nuestros antepasados recibían en toda su vida, incluso los de una o dos generaciones anteriores. Tenemos que hacer frente a la televisión, la radio, Internet, los teléfonos, los periódicos, las múltiples obligaciones, las complejas rutinas diarias y el incesante ruido. Y además dormimos muchas menos horas de las que dormían las generaciones anteriores.

Por eso no es extraño que la sensación de agobio sea un problema importante en el mundo actual. Nuestro cerebro se esfuerza en manejar y adaptarse a la avalancha de información que le cae encima y por supuesto esto toma tiempo, más del que disponemos en la vida. Y cuando el cerebro no puede manejarla, se desconecta. Muchas personas pasamos gran parte del tiempo disociados del entorno porque es la única forma en que podemos afrontarlo. Las crisis, las depresiones y las enfermedades mentales están aumentando en gran medida. No sabemos cómo protegernos del agobio que experimentamos y las enfermedades suelen ser su consecuencia.

Por desgracia, en la actualidad se acepta que estar agobiado forma parte de la vida cotidiana. Esperamos estarlo y convivimos con esa sensación como si fuera algo normal. Pero no lo es, es un estado que no es natural, un estado de miedo y desconexión que constituye una amenaza para la salud y el bienestar. Cuando estamos agobiados desconectamos de las fuerzas vitales del mundo natural y se apodera de nosotros el miedo que hemos acumulado: el miedo parlanchín causado por las preocupaciones, la ansiedad y la confusión. Y cuando esto nos ocurre, nos echamos atrás, reaccionamos automáticamente al agobio retirándonos. Al apartar nuestra frágil conciencia del mundo, desconectamos no sólo de lo que nos hace daño, sino de todo aquello que es bueno y favorece la vida.

Muchas personas están tan agobiadas por el grado de interés, concentración, memoria, tiempo y atención que les exige la vida cotidiana que desconectan y viven su existencia en una especie de aturdido trance. Podemos verlo en los rostros de las personas que nos rodean o cuando nos miramos al espejo.

La sensación de agobio inhibe tu capacidad para ser consciente de ti y del mundo que te rodea. Reduce enormemente la calidad de tu vida. Llevado al extremo, cualquier clase de fanatismo, extremismo y terrorismo procede en el fondo de la impotencia de sentirse abrumado.

Vivimos en una era que ha sobrepasado nuestra propia capacidad para afrontar la vida diaria. Hemos inventado aparatos y tecnologías que exigen demasiado a nuestro cerebro y a nuestro cuerpo. Y cuando esto ocurre, la tecnología se convierte en una vía para la ansiedad y el miedo. Hemos creado la herramienta del cambio global y, sin embargo, no comprendemos los efectos que tiene a largo plazo sobre nuestra psique o sobre la del planeta.

Hemos aprendido a reaccionar ante la tecnología, pero no entendemos cuándo el cerebro se siente agobiado. Muchas personas llegan al punto de no advertir los signos del agobio y tratan simplemente el cansancio, la pérdida de memoria, las enfermedades y otros trastornos relacionados con este estado como algo normal. Nos sentimos impotentes ante el continuo estado de agobio que sentimos y, sin embargo, es totalmente posible llevar una vida libre de él. Si lo deseas puedes adoptar nuevas actitudes y aprender nuevas habilidades que te permitirán evitar sentirte agobiado, ser más sabio y tomar unas decisiones más claras sobre la vida. Evitar la tecnología no es una opción, a no ser que quieras apartarte del mundo e ir a vivir a la cima de una remota montaña. Sin embargo, es absolutamente posible vivir usando y controlando la tecnología sin dejar que llegue a agobiarte. El mundo moderno está lleno de influencias apremiantes y torpes, pero puedes elegir mantener tu independencia emocional y mental en medio de cualquier circunstancia.

LOS CUATRO PASOS HACIA LA CLARIDAD

El antídoto para el agobio es la claridad. Si tu mente está clara, eres capaz de pensar, de tomar decisiones, de juzgar lo que es mejor para ti y concentrarte en lo más importante. La claridad va unida a una mayor capacidad, en cambio cuando estás agobiado tus facultades se reducen: no oyes, ni piensas, ni hablas, ni ves tan bien como de costumbre. El agobio te roba la fuerza vital y te mantiene en una existencia ensombrecida, en cambio la claridad fortalece la fuerza vital y se regocija en ella.

En la tradición bön hay cuatro pasos que deben realizarse para sacarse de encima la sensación de agobio y aumentar la claridad mental. Si pones en práctica estos pasos uno a uno, podrás dejar atrás el agobio y dirigirte hacia la brillante luz y la trascendente conciencia de la claridad.

PRIMER PASO

Establece tus prioridades y céntrate en ellas

Como es el paso más difícil de los cuatro, dedica al despertarte diez minutos a concentrarte en él para que forme parte de tu vida.

No te dejes llevar por ninguna actividad que te parezca una pérdida de tiempo: desde las reuniones laborales hasta las conversaciones intrascendentes. Resérvate en su lugar un espacio de tiempo cada día para hacer aquello que sea importante para ti: desde los proyectos que te interesan hasta el ejercicio físico y la familia. Considera sagrado este tiempo.

SEGUNDO PASO

Cambia por completo tu forma de comunicarte

Analiza con detenimiento cómo hablas y lo que hay detrás de tus palabras, ya que las palabras son emociones, pensamientos, acciones y obras. Habla por tanto con cuidado y respeto, sea de lo que sea.

Aprende a hablar con el corazón, es decir, no hables de aquello que sea incorrecto, concéntrate en su lugar en aquello de lo que está bien hablar. No te quejes, ni menosprecies a otro, ni seas catastrofista. Utiliza tus palabras para elogiar y apreciar a los demás y para ser optimista. Deja que sean un punto de partida para la armonía y una herramienta para esclarecer la confusión creada por la sensación de agobio.

TERCER PASO

Cambia tu forma de trabajar

¿El trabajo que realizas refleja la pasión que sientes por él? Si no es así, reclama la vida que deseas llevar. Si el trabajo que haces te pone enfermo, te amarga la existencia o ha dejado de reflejar quién eres, abandónalo, porque en ese caso es una enfermedad contagiosa que afectará a todos los aspectos de tu vida. Elige otro trabajo que te apoye tanto a ti como a tus sueños, esperanzas y aptitudes. Con demasiada frecuencia nos convertimos en rehenes del trabajo al creer que debemos seguir haciendo lo que no nos gusta para poder ganarnos la vida. Si tienes el valor de dejar atrás esta forma de pensar, la vida se encargará de respaldar tu decisión.

CUARTO PASO

Crea la calma en ti

Para experimentar una sensación de calma interior, resérvate cinco minutos cada día para concentrarte en una sola cosa. Sea la que sea: tu respiración, una flor, un objeto e incluso la luz del semáforo. No importa lo que sea, lo importante es que observes la cualidad divina que hay en ella.

El cerebro, al igual que los músculos del cuerpo, se fortalece al entrenarlo. Y este ejercicio de concentración lo entrena para que reconozca y acepte la calma. Cuanto más tranquilo estés, menos agobiado te sentirás, y ten en cuenta que la calma lleva a la serenidad.

Al concentrarte en una sola cosa tu conciencia interior empieza a despertar y te permite reconocer que la capacidad de meditar es algo natural en ti y no algo que tengas que adquirir o hacer.

La concentración unidireccional llega al corazón del miedo y extrae la serenidad que hay en ti hasta el punto de que hace que salga a raudales inundando tu mente e impregnándolo todo de bienestar.

LA LIBERACIÓN DE LA SENSACIÓN DE AGOBIO

Lograr liberarte de la sensación de agobio es todo un reto. Muchas personas al creer que un determinado reto es demasiado intimidatorio, rehúsan hacer algo que puede ser difícil y prefieren seguir viviendo con la desagradable situación que hay en su vida. Pero los retos son maravillosos, porque te ofrecen la oportunidad de poner a prueba tu poder ante ti y ante los demás. Para disfrutar de la vida y vivirla con alegría debes aceptar los retos que surgen en tu camino.

Al enfrentarte al reto de la sensación de agobio, hay una serie de caminos que debes seguir:

CONOCE TU PROPIA VERDAD

Con ello me refiero a que te dejes guiar por el corazón y no por lo que los demás te digan. Los demás quieren que creas en ellos y que sigas sus opiniones y sus verdades. En la vida cotidiana somos bombardeados por las opiniones de los demás: desde las de los publicistas y los políticos, hasta las de quienes pertenecen a una religión distinta, los amigos y la pareja. Pero aunque escuches educadamente a los demás y tengas una mentalidad abierta, debes conocer tu propia verdad.

Para superar realmente tu sensación de agobio, activa tu deseo de conocerte a fondo. Al hacerlo con sinceridad, todo cobrará sentido para ti. Si confías en tu camino tal como se te revela, sabrás cómo avanzar por él. Cuanto más confíes en ti y sigas tu propia verdad, más fuerza y claridad tendrás.

A medida que vayas conociéndote, algunas personas que te rodean desearán que sigas agobiado para que las cosas continúen como siempre. Algunas quizá se entristezcan y otras se enojen. Tal vez se sientan desplazadas al descubrir que ya no estás atenazado por el agobio. Reconoce los sentimientos de los demás, pero no renuncies a tu verdad para que ellos se sientan más cómodos.

CONOCE LO QUE VALES

No dejes que el miedo se apodere de ti al creer que no vales nada, porque cuando esto ocurre intentamos compararnos con los demás o con sus logros. Muchas personas, sobre todo en Occidente, valoran su importancia por lo que tienen o por lo que ganan, lo cual es un gran error que lleva directamente a la sensación de agobio, ya que entonces creen que sólo serán más importantes cuando posean más cosas o cuando ganen más dinero. Sin embargo, esta sensación de valía es inútil e ineficaz. La verdadera sensación de la propia valía sólo puede surgir de tu interior y no tiene nada que ver con el trabajo que realizas, los bienes materiales o alguna otra persona. Surge de saber que como ser humano eres importante.

RECHAZA LOS PENSAMIENTOS NOCIVOS

La parte más contagiosa de una situación de agobio es la conmoción tóxica que producen los pensamientos nocivos y el oscuro mundo que crean. Si piensas en los problemas, éstos crecerán. Para dejar de sentirte agobiado debes cambiar tanto tu forma de pensar como el contenido y la calidad de tus pensamientos.

Al hacer que el optimismo sea un estilo de vida, recuperas la fe en ti y dejas de sentirte agobiado, así que esfuérzate a diario para reemplazar los pensamientos infelices, crueles y dubitativos por pensamientos llenos de vitalidad y cree en todo aquello que sea positivo. Perdona a los que te han hecho daño y deshazte del dolor de la amargura. Elige creer en las cosas positivas del mundo en lugar de hacerlo en las dudas y el miedo.

NO TE DESANIMES

Incluso un esfuerzo inútil lanzado al aire es un mejor paso hacia adelante que desanimarte. Cuanto mayor sea tu energía interior, mejor afrontarás los retos que la vida te presente. Y mientras los venzas, te irás alejando de las influencias agobiantes del mundo. Es como si dejaras atrás un valle cubierto de niebla, subieras a la cima de una alta montaña desde la que se domina el siguiente valle y, desde ese lugar estratégico, vieras la naturaleza del siguiente paso que debes dar en tu viaje.

CONVIERTE CADA OBSTÁCULO EN UNA OPORTUNIDAD PARA CONOCERTE

Las energías de la tierra y del universo no te ofrecerán nada que no puedas afrontar. Esta verdad se encuentra en el corazón del autoconocimiento.

El conocimiento de ti mismo no es aquello que te ocurre, sino lo que tú haces con lo que te sucede en la vida. Las mentes pequeñas y frágiles se sienten limitadas e intimidadas por las desgracias, pero las mentes fuertes se sobreponen a las adversidades y se enfrentan a ellas con coraje. Cuanto más te conozcas a ti mismo, más podrás vencer los obstáculos de la vida.

CREA UN ESPACIO PARA PERMANECER EN CALMA

En la sociedad del siglo XXI el nivel de ruido es tan alto que nos desentona constantemente el cuerpo y sus ritmos naturales. Este creciente ataque acústico contra nuestros oídos, mente y cuerpo hace que nos sintamos más agobiados aún, al igual que ocurre con la falta de tiempo. Para reducir esta sensación de agobio necesitas regresar a la quietud y al silencio.

Como la quietud reside en el corazón de la serenidad, para descubrir la serenidad en tu vida resérvate a diario un espacio para permanecer en quietud, paz y silencio durante varios minutos. Hay innumerables formas de encontrar tu camino en la vida, pero sólo hay un camino para permanecer en quietud. Es universal y todo el mundo puede conocerlo, es el sabor del silencio, la creación de la unidad, la expresión de la armonía, cuando los hilos del silencio que existe en todo cuanto tiene que ver con la mente, el cuerpo y el mundo te revelan sus estructuras y diseños.

EL MIEDO AL FRACASO

El miedo al fracaso lleva directamente a la sensación de agobio. Con demasiada frecuencia el miedo a fracasar nos hace parar en seco incluso antes de empezar. «¿Y si...?», nos decimos, al temer cometer errores, fracasar o admitir una derrota.

Y sin embargo sólo hay un camino que te lleva al éxito y te aleja del miedo y del agobio que crea: estar preparado para fracasar y seguir avanzando de todos modos. La historia está llena de fracasos famosos que, al no cejar en su empresa quienes los sufrieron, al final se convirtieron en grandes éxitos. Como es natural, no se ha registrado los millones de personas que se rindieron y tuvieron que vivir con miedo y sufrimiento.

El modelo para triunfar en el ámbito emocional y material es estar preparado para fracasar al menos el doble de lo que lo hiciste antes. El fracaso no es como muchos suponen el enemigo del éxito, pero el agobio sí lo es.

El fracaso no es más que una puesta a prueba de tu determinación en el camino hacia el éxito. Puedes deprimirte con el fracaso o aprender de él. De modo que comete errores, pero con entusiasmo, ya que es así como al final triunfarás. El agobio y el miedo son los que no pueden tolerar el fracaso y los errores. Cuando no temes fracasar, el agobio y el miedo pierden el poder que ejercían sobre ti.

EL ESTRÉS

El estrés y el agobio van de la mano. Nos sentimos estresados cuando estamos agobiados, y estamos agobiados cuando estamos estresados. Sin embargo, el estrés no surge de la situación en que te encuentras, sino de cómo reaccionas ante ella.

Cuando descubras que estás estresado, pregúntate: ¿esto que ahora tanto me preocupa tendrá alguna importancia al cabo de diez minutos, diez días, diez meses o diez años? Si la respuesta es no, como probablemente será, olvídate de ello. Y si es sí, haz algo para resolver la situación.

El estrés es simplemente la adaptación de nuestro cuerpo y nuestra mente a los cambios. Cuando nos resulta difícil afrontar los cambios, nos estresamos. Y sin embargo en tu interior tienes la capacidad para controlar cómo reaccionas a los cambios. Puedes reaccionar de manera hábil y positiva o torpemente, haciéndote daño a ti mismo.

Si estás sufriendo, tu dolor no se debe a una situación externa, por más que creas que así es, sino a tu actitud ante él, pero tienes el poder de cambiarla en cualquier momento. No esperes tener problemas ni te angusties por algo que puede que nunca llegue a ocurrir. Si cuando experimentas una situación difícil te centras en las posibilidades, podrás cambiar positivamente tu actitud, reducir el estrés y concentrarte en alcanzar aquello que de otro modo no hubiera sido posible. En medio de las dificultades están las oportunidades.

El estrés es la obsesión de la mente cotidiana. Abandona la idea de que tú eres el único responsable de cargar con el mundo a tus espaldas. El mundo puede pasar perfectamente sin ti. No te considabes tan importante.

Recuerda también que el momento para relajarte es cuando no tienes tiempo para ello. El signo de un ser humano que progresa es poder pasar un día entero sin hacer nada y no sentirse culpable por ello. Es un logro válido que equivale a trabajar duramente. Es importante trabajar para alcanzar el éxito material, pero también es vital que reserves un tiempo para formular en él tu decisión más importante del día al captar simplemente la belleza del cielo, el aroma de una buena taza de café o las gozosas experiencias de otros.

A menudo, en las clases, talleres, conferencias y seminarios que imparto en distintas partes del mundo la gente que está agobiada suspira y me dice: «Christopher, la vida es dura».

Yo hago una pausa y les respondo: «¿Comparada con qué?»

Esta respuesta suele provocar lágrimas o risas. Lo cierto es que la vida es así y no puede ser de otra forma. A veces la vida parece incomprensible, en esos momentos no intentes comprenderla, acéptala simplemente. Significa que te está diciendo que te detengas y aceptes sus ciclos.

Vivimos más años que nuestros antepasados y, sin embargo, sufrimos a causa de incontables falsos miedos y preocupaciones. Nuestros antepasados agotaban sólo sus cuerpos, nosotros en cambio quemamos las mejores conexiones entre el alma, la mente, el cuerpo, los nervios y nuestro lugar en el mundo. ¿Vale la pena hacernos esto?

Uno de los síntomas de sentirse agobiado es la triste convicción de que tu trabajo es muy importante. El estrés cree que la vida es una situación urgente y que la solución está en ir más deprisa y en hacer más cosas. Sin embargo, el campo de tu conciencia cotidiana es pequeño y puede manejar sólo un problema a la vez. Si quieres alcanzar más cosas, baja el ritmo.

LA PAZ INTERIOR ES UN ESTADO NATURAL

Para que tu mente esté en paz renuncia a ser el director general del universo. No tienes por qué ocuparte de todo siempre. ¿Por qué no experimentas la vida sin preocuparte? Después de todo, si tratas cada situación como un asunto de vida o muerte, morirás muchas veces, sufrirás una serie de pequeñas muertes que harán que pases por situaciones espirituales delicadas.

¿Acaso crees que sólo estás haciendo algo de provecho cuando te preocupas? Hay un viejo dicho tibetano bön que reza: un grano ahorrado con preocupación no merece la pena siquiera para pagar la más mínima deuda.

Decide que cualquier preocupación que sea demasiado pequeña como para convertirse en una aspiración, es demasiado pequeña como para convertirla en un problema. Un día lleno de preocupaciones es mucho, muchísimo más agotador que un día de trabajo. La preocupación te oxida el alma. Es un círculo de ineficacia que da vueltas alrededor del eje del miedo.

Algunos pacientes a los que trato están vaciando en sus cuerpos los pensamientos enfermizos de sus mentes al preocuparse por lo que ocurrirá mañana. Sin embargo, siempre acabamos superando o curando todas nuestras heridas emocionales y problemas. Nos agitamos más por una posible calamidad que por otra que nos ha ocurrido, ya que el sufrimiento tiene unos límites, en cambio la aprensión no tiene ninguno. Las dificultades reales pueden vencerse, las únicas que son invencibles son las imaginarias.

La preocupación no libera el mañana de sus posibles desdichas, pero abandona el presente, le roba su fuerza. Hay dos días de la semana en los que yo nunca me preocupo: uno es el ayer, y el otro, el mañana. Si sigues esta regla, aprenderás que el miedo intenta estar en todas partes, en cambio la serenidad ya está en ellas.

La ansiedad es un estrecho riachuelo de miedo deslizándose por tu mente. Si crece, abre un canal al que van a parar todos los otros pensamientos. ¿Cómo fomentas la ansiedad? Simplemente concentrándote en ella. Y cuando lo haces no puedes en absoluto concentrarte en las soluciones, las alegrías y las cosas que te hacen feliz.

Hay algunas personas que siempre están anticipando los problemas y que sufren por muchas situaciones que nunca les ocurrirán. Sólo los seres humanos obstruimos la felicidad preocupándonos, destruyendo la realidad con los pensamientos de aquello que podría ser. La preocupación ejerce una gran influencia que, aunque invisible, es muy poderosa. Te roba la vitalidad y hace que el pulso se te vuelva irregular, te quita el apetito y te encanece el pelo prematuramente. Si crees que vas a cambiar una situación del pasado o del futuro sintiéndote mal o preocupándote excesivamente, en ese caso estás dando el primer paso para enfermar. Las preocupaciones afectan a la circulación, el corazón, las glándulas y el sistema nervioso. Yo nunca he conocido a nadie que se haya muerto de trabajar demasiado, pero sí a muchas personas que se han muerto de preocuparse cuando tenían demasiado trabajo. Destruimos el mañana quejándonos sobre el pasado. En los asuntos humanos no hay nada por lo que valga la pena angustiarse demasiado. Observa tu corazón, permanece en quietud, contempla la serenidad que hay en ti: posee una infinita quietud y te reflejará la verdad de tu vida.

La preocupación debe empujarte a la acción y no a la depresión. Si no puedes controlarte, significa que no eres libre. Teme sólo lo que tu actitud ante la vida pueda impedirte, confía únicamente en que todo puede superarse. El hábito de preocuparse por todo es un pequeño riachuelo de miedo discurriendo por la mente. Si lo sustentas, acaba excavando un canal al que todos los otros pensamientos van a parar.

En los inicios de mi formación aprendí que es una locura preocuparse por todo. Mi maestro me explicó que sólo había dos cosas por las que preocuparte: por si estás sano o por si estás enfermo. Si estás sano, no tienes por qué preocuparte. Y si estás enfermo, sólo hay dos cosas por las que preocuparte: si te pondrás bien o si te morirás. Si te pones bien, no tienes por qué preocuparte. Y si te mueres, sólo hay dos cosas por las que preocuparte: si irás al cielo que concibes o al infierno. Si vas al cielo, no tienes por qué preocuparte. Y si vas al infierno estarás muy ocupado dándoles la mano a los amigos que hacía mucho tiempo que se habían ido ¡y todas tus preocupaciones se esfumarán! Además, en el infierno tendrás la mejor oportunidad de todas para aprender sobre el cielo y para trascenderlo, en cambio en el cielo estás en el statu quo, y este estado no te ayuda a desarrollarte espiritualmente. O sea que al final no tienes por qué preocuparte por nada.

Desde que lo aprendí he trabajado siempre de la mejor forma posible, pero cuando algo me ha salido mal y no he podido arreglarlo, lo he dado por olvidado.

La historia de la orilla del río

En la tradición tibetana bön hay una historia sobre el hábito de preocuparse por todo titulada «La historia de la orilla del río».

Aquel invierno había sido especialmente duro por las copiosas lluvias que habían caído y las posteriores inundaciones. Un comerciante que viajaba de vuelta a casa vio en el valle que se extendía a sus pies una serie de personas cruzando el lecho seco de un río. Conocedor de lo peligroso que era, dijo a su sirviente que fuera corriendo a decirles que se apresuraran a cruzarlo. Pero justo cuando el sirviente llegó al lugar, un violento torrente de agua descendió de pronto por el lecho seco arrastrando a muchos de ellos. El sirviente y el comerciante se pusieron rápidamente a salvar al mayor número de personas posible. Después de llevarlas hasta la orilla, el comerciante les ofreció comida y té. Pero los supervivientes sólo estaban preocupados por su situación y se quejaron diciendo que la comida era insípida y que el té no les gustaba. El comerciante no podía creérselo, después de haberlos salvado de la muerte aquellas personas no hacían más que preocuparse en lugar de darle las gracias.

Al cabo de poco un maestro bön que pasaba por allí, al ver al aturdido comerciante, le consoló diciendo: «Querido amigo mío, la gente tiene tan arraigada la costumbre de preocuparse por todo que si salvas a alguien de morir ahogado y lo dejas en la orilla y le ofreces té caliente y comida sólo se preocupará de no pillar un resfriado. Salvar a alguien de su locura es una buena acción, pero esperar que cambie por ello es una insensatez».

Cuando el comerciante iba a ofrecer té al maestro, descubrió que ya se había ido y que el lecho del río estaba seco.

«La gente se preocupa por todo porque cree que debe hacerlo», dijo el sirviente al comerciante.

El comerciante y su sirviente se echaron a reír y se sentaron a la orilla del río dejando de preocuparse por los supervivientes, ya que todo se había solucionado.

LA MEDIOCRIDAD

La sensación de agobio crea mediocridad, cuando en realidad todos podemos rendir mucho más de lo que imaginamos. Cuando nos sentimos agobiados nos quedamos paralizados, somos incapaces de afrontar los retos, dar más de sí o lograr aquello de lo que somos capaces. Nos limitamos a nosotros mismos, dejando que nuestros miedos nos dominen.

La mediocridad necesita mantener una actitud distante para preservar su falsa dignidad. No hay nada más inútil que hacer eficazmente aquello que no debe hacerse. Y la mediocridad es toda una experta en ello. Da a los demás la libertad de llevar una vida mediocre, pero elige para ti llevar una vida significativa. Deja que los demás discutan por naderías, pero abstente tú de hacerlo. No los juzgues cuando lloran por pequeñeces, pero no sigas su ejemplo. Sé tolerante con la gente que pone su futuro en manos de otros, pero no renuncies al tuyo.

No temas el mañana, ya que lo divino ya está presente en la vida.

El miedo puede mantenerte despierto toda la noche, pero la fe constituye una agradable almohada sobre la cual descansar. Apoya la cabeza en la almohada de la fe y echa de tu cama cualquier actitud mediocre. Duerme un saludable sueño bañado en la fe. La fe te permite mantener una silenciosa y profunda conversación, íntima e inmediata, con el mundo natural. No es el subproducto de una creencia en un dios o en una religión, sino el estado del mundo natural.

Puedes encontrar y desarrollar tu fe y confiar en que todo te irá bien manteniéndote en contacto con la naturaleza y sumergiéndote en ella: al contemplar la inmensidad del cielo azul y olvidarte de la repetitiva cháchara de tu mente cotidiana, al formar parte de la creciente energía de un bosque, o al dejar que tu espíritu se funda en el oleaje del mar. Al rendir homenaje a la naturaleza, te estás rindiendo homenaje a ti y sabes que tú también formas parte de ella, lo cual te da fe. Cualquier lugar de la naturaleza te inspirará fe.

MEDITACIÓN SOBRE LAS ESTACIONES

La primavera nos trae los aromas y las flores llenas de vida; el verano nos trae la brisa juguetona; el otoño, las nieblas doradas, y el invierno, el regalo de la nieve poderosa y la repentina oscuridad. Las estaciones pueden enseñarnos muchas cosas. Los cambios estacionales tienen una vitalidad natural en la que las preocupaciones no tienen cabida. Las estaciones siguen un ciclo, y si nos permitimos ser una unidad con él, aprenderemos muchas cosas sobre nuestra propia naturaleza.

Vamos ahora a concentrarnos en las cuatro estaciones para que comprendas el ciclo de preocuparte por todo que puede influir en ti a lo largo del año. Medita en cada descripción de las cuatro estaciones y deja que creen una respuesta en ti, para que las estaciones cobren vida en tu corazón y en tu mente. Dedica diez minutos al día a una estación, durante un ciclo de ocho días. Deja de hacerlo después durante siete días y medita luego durante ocho sobre la siguiente estación, y así sucesivamente. Puedes meditar sobre la estación interior tal como tú quieras y siempre que lo desees.

PRIMAVERA

La primavera está llena de vitalidad y ansiosa por liberarla. Tu mente, al igual que las fuerzas de la naturaleza, desea impacientemente despertar a través de tu cuerpo a la nueva vida que emana de la tierra. En esta estación puedes agobiarte fácilmente, ya que todo está en transición y parece impetuoso y de corta duración. La primavera es el impulso hacia el cambio. En ella es cuando se demuestra si tus incertidumbres son reales o ficticias.

Utiliza esta estación para vencer el miedo que te infunden los cambios y también la intimidad y la amistad. La primavera te enseña la fugaz naturaleza de la belleza. La serenidad que te ofrecen las cualidades de la primavera es la serenidad que sabe que todo es en esencia correcto en el mundo y que no hay nada que muera, simplemente cambia de forma.

VERANO

El verano, caluroso y brillante, que parece va a durar siempre, representa la explosión y la expansión de la adoración de todo cuanto es bello. Esta estación, feliz y curativa, nos produce una sensación de bienestar y, al mismo tiempo, nos crea la ilusión de que la vida no cambia. El verano nos ofrece la serenidad en el sentido de que todos podemos ser felices, ya que es nuestro derecho e inclinación interior. El verano nos tranquiliza al demostrarnos que la serenidad está en el interior de todos y que nuestros miedos no son más que los pasos que nos llevan a un territorio más elevado donde nuestra verdad interior está esperando en silencio a que la descubramos de nuevo. Esta estación nos enseña los miedos a la impermanencia y el desengaño de experimentar realmente la naturaleza impermanente de todas las cosas.

OTOÑO

En otoño el mundo empieza a desprenderse de lo que ya no necesita y el silencio es liberado de las flores y fluye de la tierra penetrando en el mundo humano. Esta estación nos enseña que todo cuanto existe en el mundo y en nuestro interior tiene un principio y un fin. Sin embargo, esta estación puede hacernos quedar atrapados en el pasado y que no queramos aceptar el futuro. El otoño representa el inicio de la descomposición orgánica y de cómo este estado forma parte del proceso natural de las cosas. Te anima a comprender tus temores y a liberarte tanto de ellos como de la estrechez de miras. El otoño te transmite el mensaje de que nada está aislado ni separado, de que todo está conectado. Es la estación que te enseña a ser autosuficiente y te ofrece la serenidad que produce experimentar la conexión que existe en toda la vida como una experiencia consciente aunque natural.

INVIERNO

La muerte, la quietud, la oscuridad, el frío y el retiro son las expresiones superficiales del invierno. El invierno permite que las otras tres estaciones descansen y se regeneren, y en realidad no significa la ausencia de vida, sino la protección de la energía vital.

El mayor regalo del invierno es que nos enseña a mantenernos en quietud y a ser resistentes, al margen de lo que esté ocurriendo a nuestro alrededor. Esta estación nos enseña a ser fuertes y a negarnos a permitir que nuestros temores nos abrumen, ya que el miedo puede crear un invierno en nuestro interior. La serenidad del invierno nos ofrece la indestructible naturaleza de la sabiduría, la compasión y la aceptación. El invierno no intenta ser ninguna otra cosa sino él mismo, y esto constituye toda una lección para nosotros, ya que debemos hacer lo mismo.

LA ESTACIÓN INTERIOR

En el interior de todos nosotros viven las semillas de cada estación. Considera cómo te hace sentir cada estación y en cuál de ellas han ocurrido los acontecimientos más importantes de tu vida. Por ejemplo, ¿en qué estación naciste o te casaste, tuviste hijos o viviste alguna otra experiencia importante? Después de considerar cada estación y la relación de cada una de ellas con las experiencias de tu vida, pregúntate qué es lo que pueden enseñarte.

A lo largo del año, en la primera luna llena de cada estación, concéntrate en tu vida y en la conexión que la estación tiene contigo. Las estaciones te mostrarán cómo tus miedos suben y bajan y cómo encontrar la serenidad en ti, que fluye silenciosamente en todo, conectando las estaciones para que el año sea perfecto para tu alma que se está revelando.

Joe vino a verme porque se resfriaba con frecuencia. Tenía una pequeña empresa de servicio de reparto y no podía darse el lujo de estar enfermo, ya que el invierno anterior se había resfriado tres veces seguidas y durante varias semanas había tenido dificultades para cumplir con su trabajo a causa de su mala salud.

Joe quería una solución rápida para recuperar la salud, pero al investigar las causas de sus resfriados, se vio obligado a enfrentarse a la sensación de agobio que le embargaba. Los resfriados suelen estar causados por el agobio, es la forma que tiene el cuerpo de intentar obligarte a descansar. Joe, como tantas otras personas, hacía oídos sordos al mensaje que le enviaba su cuerpo, por eso cada día sentía una mayor ansiedad.

Cuando me habló de su vida con más detalles, admitió que se sentía constantemente estresado, cansado y preocupado. No dormía bien porque con frecuencia por la noche se despertaba angustiado planeando el futuro de su empresa y repasando los gastos e ingresos, por miedo a que pudiera irse a pique.

Le pedí que se tomara dos semanas de vacaciones y que durante ese tiempo dejara que su gerente se ocupara de la empresa y que él se abstuviera de tener contacto con ella. Hacía diez años que estaba al pie del cañón y al principio se mostró reacio, pero al final accedió. Le dije que saliera a diario a pasear por un entorno natural y que practicara la meditación sobre las estaciones, en particular sobre la estación interior.

Joe, gracias a esta experiencia, comprendió rápidamente lo vital que era para él mantenerse en contacto con la naturaleza para sentir calma y bienestar. Después de sus dos semanas de vacaciones, reorganizó su vida y se reservó frecuentes espacios de tiempo para pasear por el bello parque que había cerca de su casa y por la playa. Dejó de creer que su empresa se iría a pique si no estaba siempre presente en ella —durante su ausencia había funcionado a la perfección— y empezó a tomarse más descansos laborales y a disfrutar de la vida. Se quedó encantado al invierno siguiente al ver que no se había resfriado ni una sola vez.

EL ACTO DE ESCUCHAR

El acto de escuchar tiene el poder de hacer que tu estado interior cambie. Pero ¿cuántas veces escuchamos realmente? Para la mayoría, la respuesta es nunca. Con demasiada frecuencia, en lugar de escuchar lo que nos están diciendo, estamos ya escuchando en nuestra cabeza lo que vamos a responder. La mayoría de personas reconoceremos haberlo hecho en alguna ocasión o haberlo experimentado mientras estábamos hablando con alguien. Cuando lo hacemos, bloqueamos la verdadera comunicación.

Cuando alguien te hable, escúchale por completo. De ese modo eliminarás activamente los obstáculos y la sensación de agobio.

Escuchar con atención y dar las respuestas adecuadas es el arte de dialogar llevado a su máxima expresión. Con frecuencia deseamos tan vivamente en la vida escuchar algo que dejamos que los oídos engañen a nuestra mente y que la mente engañe a nuestro corazón, para sacar de ello una falsa sensación de seguridad. Oímos lo que queremos oír a expensas de la verdad.

Hablar pertenece al ámbito del entendimiento y de las opiniones, y escuchar, al de la sabiduría. A medida que tu estado interior vaya cambiando al escuchar realmente a los demás, tu sensación de agobio irá disminuyendo.

El siguiente ejercicio te ayudará a escuchar por completo a los demás. Te sorprenderás al descubrir las cosas que llegarás a escuchar.

Ejercicio de cómo escuchar

Este sencillo ejercicio eliminará los obstáculos que hay en tu vida causados por la palabras irreflexivas y los pensamientos poco acertados. Dejarás de estar atenazado por el miedo y la serenidad surgirá en ti.

Siéntate en quietud. Empieza siendo consciente de tu entorno. Escucha cualquier sonido que distingas a tu alrededor: ruidos, objetos, personas, las paredes, el espacio. Escucha. Sé consciente de tu respiración al tiempo que escuchas atentamente. Escucha el murmullo de fondo que hay detrás de los sonidos. Inspira profundamente y descansa.

Haz este ejercicio siempre que te sea posible para aumentar y mejorar tu capacidad de escuchar. Practícalo mientras escuchas hablar a alguien: en la radio, en la televisión o en una conversación real. Descubrirás que vas más allá de las palabras y que captas la esencia de lo que éstas transmiten. Entonces comprenderás lo que los demás te están diciendo realmente y por qué te lo dicen.

Despúes de haber leído este capítulo, vuelve a leer la parte que más te haya atraído. Hazlo en voz alta y medita sobre ella. La sección que más te interese será probablemente la que más necesites para liberarte de tus miedos y de la sensación de agobio y para experimentar la serenidad.

8

La vida, la muerte y el morir

A lo largo de la vida creemos que estamos aprendiendo a vivir, pero en realidad estamos aprendiendo a morir. Creemos, debido a nuestros miedos, que la vida se reduce a una serie de reglas, pero al pensar de esa forma vivimos inconscientemente. Cuantas más reglas establecemos, más hábitos adquirimos. Y cuanto menos conscientes somos en nuestra vida, más fuerte se vuelve el miedo que sentimos. Perdemos la inocencia y la espontaneidad, olvidamos la luz y la vitalidad de la existencia y acabamos viviendo en la penumbra.

La vida es pura, sabia y mudable, es cautivadora. Y, sin embargo, nuestros miedos nos hacen creer que es todo lo contrario, que el miedo es lo único que existe y, como es natural, las noticias de la televisión o de los periódicos no parecen más que confirmarlo. Sin embargo, la vida es mucho más grande que el miedo, ya que esta emoción sólo dura un breve tiempo, en cambio la vida va más allá de las imaginaciones del miedo, es eterna.

El miedo nos hace creer que esta emoción es duradera, pero la muerte y el morir nos enseñan que todo cuanto existe es impermanente y que el gran viaje es la propia vida.

Si deseas conocer la vida de una manera íntima y directa, afronta qué es lo que te da miedo de la muerte. El problema no está en la muerte, ya que ésta no es más que la oportunidad que tiene el alma de renovarse y formarse, sino en el miedo que nos infunde. Al aceptar, comprender y trascender el miedo que te produce, tu vida cambia y despiertas a un estado continuo de alegría basado en una comprensión realista del mundo cotidiano. Nos esforzamos tanto por enfrentarnos a lo concreto, lo real y lo material, que nos olvidamos de lo indefinible, lo inocente, lo conocedor, lo mudable y lo cautivador. Todos estos aspectos son los que debemos llevar con nosotros cuando nos llegue la muerte, ya que son los que nos ayudarán a morir bien. Nuestra forma de vivir determinará nuestra forma de morir. Si somos capaces de vivir siendo plenamente conscientes, con una comprensión cada vez más profunda de la entretejida naturaleza de la vida y de la muerte, en ese caso moriremos con alegría y sin miedo.

Haz ahora una pausa para respirar profundamente. Mantente en la mayor quietud posible y sigue leyendo.

Cada parte de este capítulo está concebida para que la leas como una meditación. Es una conexión con la continua, aunque inconsciente, conciencia de la fuerza vital que hay en ti y con las experiencias de la muerte y del morir que fluyen constantemente dentro y fuera de ti, en cada hábito y faceta de tu vida cotidiana. Al meditar sobre la vida y la muerte mientras lees este capítulo, tu conciencia crecerá y tu miedo disminuirá, para que puedas dirigirte hacia la dicha que produce vivir y morir sin miedo.

LA VIDA

La vida está por doquier, al lado de la muerte. La vida está en todas partes. Es la muerte bajo otra forma. La vida palpita en la Tierra. Las plantas y los seres visibles e invisibles están llenos de vida. La vida fluye a través de ellos como una oleada, como una constante energía. La vida también es primitiva, corrupta y sucia. Aun sabiéndolo, seguimos deseando sumergirnos en ella. Tenemos el fuerte instinto de ir al corazón de las cosas. A través de nuestro deseo de vivir, nuestra vida continúa y ello nos permite comprender la muerte y el morir. La vida se busca a sí misma para que la muerte y el morir puedan ocupar el lugar que les corresponde. En la vida moderna la muerte y el morir se ignoran, se relegan a algo que les ocurre a los demás, se tratan de manera aséptica y se les quita importancia. Pero en realidad, como veremos más adelante en este capítulo, la muerte es la esencia de la vida.

La gente acarrea mucho dolor en su corazón. El dolor crea un velo que cubre la vida. Ésta puede ser caótica, difícil de entender, nos golpea una y otra vez sin avisar, al igual que nos hace maravillar una vez tras otra. Es una ilimitada comunicación sobre la humildad.

Vivimos en la era de las contradicciones. Disponemos de más entretenimientos, pero de menos tiempo libre. Acumulamos hechos, pero tenemos menos sentido común, atesoramos más conocimientos, pero comprendemos menos las cosas. En la mayoría de las sociedades el nivel económico ha subido, pero nuestros principios han bajado. Pasamos mucho tiempo cotilleando, raras veces amamos a nuestros congéneres y estamos odiando constantemente. Hemos aprendido a correr, pero no a esperar. Hemos aprendido a dejar que nuestros propios miedos nos tomen como rehenes. Creemos en el instante, pero no en un largo plazo.

Sin embargo, la vida sigue animándonos silenciosamente a escucharla, tal como es, para que escuchemos y reclamemos nuestra humanidad y permanezcamos en quietud. Y mientras cada uno nos construimos la propia vida, recibimos la vida que necesitamos.

Acuérdate de apreciar la vida que tienes, dedica tiempo a amar a los demás, ocúpate de la naturaleza de tus palabras y resérvate un rato para compartir los sentimientos de tu corazón. Tu vida no se mide por la cantidad de días que vives, sino por la cantidad de días en los que te maravillas y reflexionas.

Descubre cuál es el propósito de tu vida

La pregunta más importante que debes hacerte no es cómo vas a morir, sino cómo debes vivir. Ya que tu forma de vivir determinará tu forma de morir. Al determinar cómo vas a vivir, debes encontrar cuál es el propósito de tu vida. De esta forma descubrirás tu grandeza interior. Recuerda que a todos nos han enviado a este mundo para poner nuestro corazón en todo cuanto hagamos. Vivimos en una era de la historia humana, sobre todo en la época moderna, que se llama «oscura», no porque no brille la luz humana interior, sino porque nos negamos a verla. Son muchas las personas que viven su vida sin entregarse a ella y sin un propósito. Por eso se mantienen en la oscuridad. Cuando descubras cuál es el propósito de tu vida y lo sigas, tu luz interior brillará.

El propósito más noble de todos, el que produce una verdadera felicidad, es servir a los demás. Tus acciones determinan la persona que eres al igual que tú determinas cómo actuarás. Olvídate de ti. La felicidad surge cuando te entregas a algo completo y satisfactorio que no tiene que ver con tus preocupaciones sobre ti. Todos podemos convertirnos en unas excelentes personas, porque todos podemos servir a los demás.

Las cuatro creencias del miedo

Los practicantes bön dicen que cuando vivimos dejándonos guiar por la energía del miedo nos sentimos atraídos por cuatro pensamientos que acaban convirtiéndose en creencias. Se conocen como las cuatro creencias del miedo. Las elegimos al no confiar en la vida y al vivir con miedo en lugar de hacerlo con serenidad. En ese caso, creemos que son verdaderas y afrontamos la vida habiendo asimilado estas creencias en nuestra conciencia.

1. La vida es una sucesión ininterrumpida de situaciones falsas. Cada oportunidad es una falsa esperanza.

2. La vida es tediosa, al igual que una historia, una canción o una broma que uno ha oído ya muchas veces.

3. La vida se divide en lo horrible y lo infeliz.

4. La vida está llena de desdichas, aislamiento y desasosiego, y al cabo de poco se convierte en un cúmulo de ellos.

¿Reconoces alguna de estas creencias? ¿Te identificas con alguna de ellas? Cada una de estas cuatro creencias reducen tu experiencia y tu comprensión de la vida y el papel que desempeñas en ella. La vida desea que vivas en armonía y paz con el mundo natural y que lo aceptes. Pero cuando te dejas llevar por las creencias del miedo, no puedes vivir de ese modo. La invocación para despertar la conexión que mantienes con la vida y la meditación sobre la fuente de la vida que encontrarás a continuación te ayudarán a abandonar esas creencias y a descansar y concentrarte en su lugar en la serenidad y las alegrías que la vida te ofrece.

Invocación para despertar tu conexión con la vida

Lee esta invocación en voz alta y practica después la meditación que le sigue. La invocación actuará a modo de puente entre tu mente cotidiana y tu conciencia más profunda. Al leerla en voz alta, despertará la conexión que mantienes con la vida, así cuando practiques la meditación, la experiencia que saques de ella será más inmediata si cabe. Antes de empezar, concéntrate en la respiración durante unos momentos.

> Vivo celebrando el género humano
> con amor, con los visionarios
> y con los ciegos,
> con los que tienen el corazón abierto
> y con los que lo tienen cerrado,
> ya que estoy vivo en medio de la multitud,
> del rumor de la raza humana,
> pues en el centro
> es donde residen bendiciones constantes
> para cada corazón
> que palpita,
> amo a la humanidad,
> la amo...
>
> En la angustia y en el salvajismo,
> en la visión espléndida y en la enfermiza,
> la razón humana encuentra su camino

en la belleza y la luz.
Siempre hay un camino interior
cubierto a menudo por lo cotidiano.
Mi alegría es la de mis semejantes,
la chispa de todos
los sueños que acaban de nacer.
Amo el amor que todos podemos conocer,
el infinito amor que todo lo ama.

Llega silenciosamente,
mostrándose tanto a los que dudan como a los que creen,
pues este amor interior es el género humano,
en sí mismo,
simplemente existe,
sin necesitar el ahora
ni la constancia o el mañana,
o un voto eterno.
Recíbelo aquí,
en tu corazón,
ya que es la sabiduría
de la naturaleza humana.
Infinito desde los tiempos sin inicio
trasciende el espacio,
busca lo humano
para encontrar en ello su lugar.
Ni la mística ni lo que es propiedad de algunos pocos
hacen que el cuerpo se abra a un mundo más nuevo.
Es el amor y la razón
aunque también va más allá de ella,
es delicioso, exigente, asombroso, nuevo...
humano

mundano

tuyo

mío

de verdad

en cualquier lugar...

Viene,

se va,

llega,

va más allá.

Antes de desaparecer

es tú, yo, nosotros,

un enemigo, un amigo,

ellos y nosotros,

materia, polvo,

llega, está aquí

lo cura todo...

Viviendo ahora,

vive a través de ti.

Siéntate en quietud y conoce este amor

porque es la vida.

Esto te basta.

Meditación sobre la fuente de la vida

Siéntate en la postura que desees y cierra los ojos. Escucha los sonidos de tu alrededor. Escúchalos hasta que puedas escuchar «dentro» de ellos, escúchalos hasta que se conviertan en un murmullo, y entonces escucha «dentro» del murmullo hasta que éste se vuelva silencio. Escucha el silencio hasta que se transforme en una llama de clara luz. Escucha la llama de clara luz y deja que entre en ti. Conviértete en la llama de clara luz. Deja que la luminosa llama penetre por tu coronilla e imagina que desciende lentamente por tu columna vertebral hasta llegar a la ingle, y que desde ese lugar asciende a tu corazón, donde se establece iluminando con su clara luz tu corazón físico.

Haz esta meditación antes de acostarte cada noche durante el tiempo que desees.

LA MUERTE

La muerte es más familiar que la vida, ya que todos moriremos algún día, pero no todo el mundo celebra la vida. Como las personas viven como si estuvieran muertas a la vida, tienen miedo y les cuesta experimentar la serenidad. Lo que ha de darte miedo no es la muerte, sino llevar una vida distante y plagada de miedo.

Como todos los seres que han nacido en este mundo van a morir un día, ¿de qué sirve sufrir y preocuparse por la muerte? Al afrontarla, da las gracias por la continuación de los ciclos del nacimiento y de la muerte, y por la sabiduría, el amor y la serenidad que te aportan.

Los que no participan en la experiencia diaria de estar vivos a las ofrendas que la vida nos presenta cada día están ocupados muriendo sofocados por los hábitos y el miedo. Ábrete a los demás. Acepta a todo el mundo. Porque la vida es muy corta.

Nadie debe abandonar esta vida dejando asuntos pendientes. Los asuntos sin resolver que tienen que ver con la mente, el corazón, la vida y el trabajo atraen el miedo al igual que un perro viene cuando silbamos. Los asuntos irresueltos hacen que te quedes a medias, tu alma no puede llegar a realizarse plenamente y sólo está viva en parte.

De modo que tómate el tiempo necesario para acabar lo que has empezado y sé abierto, sincero y claro con el mayor número de personas posible. Al hacerlo, tu miedo desaparecerá y la serenidad se convertirá en el lenguaje que exprese el respeto y la verdad entre todo el mundo.

La historia del soldado

Dediqué doce años de mi vida a aprender a matar, llevando a cabo misiones peligrosísimas, luchando cuerpo a cuerpo para vencer al enemigo, enviar a los soldados del otro bando a la muerte o hacerlos huir despavoridos. No pensaba dejar que me pisotearan ni iba a rendirme. Mi ira formaba parte de la cruzada de luchar hasta la muerte... en la que creía con toda mi alma.

Pero de pronto un día me vino a la mente todas las muertes que había causado y me quedé impactado. Vi lo equivocado que estaba y cómo al dar muerte a esas personas les había robado la vida. Sí, matar es un hurto. Había malinterpretado la naturaleza de la muerte creyendo que estaba justificado matar.

Mientras me encontraba en las ciudades, los países y los peligrosos y enloquecidos lugares en los que he luchado y matado, creía estar intentando poner orden en la vida y mejorarla, pero me quedé horrorizado al comprender lo que había hecho. Fue como si hubiera despertado de un sueño.

No puedo devolverles la vida a los que se la arrebaté, pero ahora sé que la vida es lo más importante. Ahora intento cada día ser una persona compasiva, bondadosa y útil para los demás. Cada vez que siento deseos de enojarme con alguien, pienso en la muerte y recuerdo que la vida lo es todo.

La experiencia de este soldado es por desgracia muy común en la actualidad en las zonas conflictivas del mundo, como ha estado ocurriendo a lo largo de la historia. Lo que le sirvió de catalizador para que cambiara de una manera tan profunda fue que se encontró cara a cara con la muerte, pero no fue la versión de la muerte que él se había imaginado, ni la que había en su sistema de creencias. La muerte con la que se encontró le mostró los efectos de todas aquellas vidas perdidas en el planeta como un todo. Esta visión lo aterró y fue para él toda una lección de humildad, y entonces renunció al espíritu de matar.

Los que han sido entrenados para matar acaban arrepintiéndose de ello al comprender que la vida es sagrada y que la solución no se encuentra en la muerte. Aquel soldado sólo podía resolver el asunto que tenía pendiente en su vida —arrepentirse de las muertes que había causado— viviendo el resto de su vida de la forma más sincera y compasiva posible.

El miedo a la muerte

A mucha gente le da miedo la soledad de la muerte. Lo irónico del caso es que la muerte es un vínculo que nos une a todos en la vida. Y, sin embargo, no hay por qué temerla, porque cuando nos llega ya no estamos ahí para contarlo. La muerte es impersonal, son sólo nuestras experiencias y miedos acerca de ella las que le otorgan un significado personal.

El secreto para dejar de tener miedo a la muerte es disfrutar de la libertad que nos dan las lecciones de la vida, por más corta que sea. En una ocasión le dije a uno de mis pacientes que se iba a morir y que necesitaba conectar con la realidad más profunda de su vida: «George, a los tres días de haber muerto, tu pelo y tus uñas aún seguirán creciendo, pero tú ya no podrás hacer más llamadas telefónicas». Él, captando lo que quería decirle, se echó a reír, y varios días más tarde murió serenamente.

El amor de este mundo nunca muere físicamente. Muere porque no sabemos reabastecer su fuente. Muere por una falta de visión personal, por las actitudes engreídas y por la falta de sinceridad. En el mundo material la mayor meta a la que puedes aspirar es saber en tu lecho de muerte que has llevado una vida de acuerdo con la bondad que hay en ti y que hiciste aquello que te hacía feliz, haciéndote responsable de tus acciones.

Solemos creer que la muerte es el fin. Y sin embargo en muchos sentidos no es así. La muerte pone fin a la existencia física que has llevado, pero la energía de las relaciones que has mantenido perdura. Para comprender la muerte es importante ver que si no nos amamos los unos a los otros, abandonaremos este mundo en un estado de infelicidad. Y si morimos en ese estado, no será una muerte serena, sino una muerte agotadora y vacía. Lo cual sería muy triste, porque significaría que no podemos sentir toda la dicha que la muerte nos ofrece. Es el único aspecto de la muerte que deberíamos temer.

Morir no es más que dejar que tu cuerpo vuelva a disolverse en sus propios componentes: la tierra, el cielo, el aire, el sol, la luna y la naturaleza. El día de nuestra muerte, que tanto tememos al creer que será el último, no es más que recordar la eternidad. La muerte no extingue nuestra luz interior, no puede hacerlo porque sólo equivale a apagar la luz en una habitación al entrar la luz del día por las ventanas.

Si dejas que tu mente se empequeñezca a causa de la muerte, se acabará marchitando, en cambio si tu corazón interior es fuerte y recto, tus creencias más importantes transformarán tu muerte. En la experiencia de la muerte, la imaginación es más fuerte que la información, y tu propia historia personal es más fuerte que el pasado. Confía en el poder redentor de tu imaginación y comprende el mito que has creado para vivir cada día. En esta experiencia los sueños son más poderosos que la realidad, la esperanza triunfa sobre cualquier experiencia negativa de la vida, y el amor es más fuerte que una muerte temida. Saberlo nos da serenidad.

Dedica un tiempo a reflexionar

En todos nuestros pensamientos y actividades vale la pena reflexionar sobre lo siguiente: lo que hemos hecho para nosotros mismos muere con nosotros y se olvida, en cambio lo que hemos hecho por los demás afecta a sus corazones y perdura.

La vida es para siempre y la muerte sólo es una oportunidad para detenerte, reflexionar, cambiar y seguir adelante, renovado. Cuando estés a punto de morir y contemples la vida que has llevado, ¿qué es lo que te gustaría ver? ¿Qué es lo que te inspiraría, alegraría y satisfaría más? ¿Sería acaso una vida transcurrida en la oficina trabajando? ¿Una casa moderna y un coche lujoso? ¿O sería las conexiones que has hecho con los demás, los vínculos que mantienes con los seres queridos y lo que has sido capaz de dar a otros?

¿Crees realmente que al morir lo que ha ocurrido en tu vida ya no importará, porque la muerte es el sueño definitivo? Si es así, es que no quieres enfrentarte a la verdad. La muerte no es el fin de todo, en realidad es el despertar más importante de nuestra alma.

La muerte es la separación de tu energía y de tu cuerpo, la metamorfosis de tu naturaleza humana fundiéndose con la eternidad. La muerte es la aventura más bella de la vida. La vida es eterna y el amor es inmortal, y al morir es cuando tienes la oportunidad de experimentarlos. La muerte es un camino acelerado que lleva al autoconocimiento, una manera de entender y comprender limitada sólo por la naturaleza de tu visión interior.

La muerte es la liberación del sufrimiento. Cualquier dificultad, maldad o dolor que hayas padecido en tu vida se apartarán de ti al llegar la muerte y haber aprendido sus lecciones.

Invocación de la comprensión: la historia de la vida y la muerte

Cada mañana, al despertar, lee esta historia tradicional tibetana en voz alta:

Un hombre se despertó una noche cuando el mundo estaba silencioso y gritó: «¡Vida, quiero escuchar a la Muerte y que me revele sus misterios!»

El viento agitó las hojas iluminadas por la luz de la luna. Desde el silencio la Vida alzó la voz cantando: «¡Ahora la escucharás!»

De pronto se hizo un absoluto silencio, el mundo se detuvo. Y entonces una voz grave y sosegada susurró en el corazón de aquel hombre: «El nacimiento y la muerte son las dos expresiones más elegantes del valor que necesitas para llevar una vida plena. Una vida llena de deseo. El deseo es una parte de la vida, y la indiferencia, una parte de la muerte. Pese a la idea que albergas, la muerte espera silenciosamente en las sombras, ofreciéndote dicha en lugar de miedo. Ya que la muerte ama la vida. Cada día la muerte te contempla y tú la contemplas a tu vez a ella, pero sólo ves miedo, en cambio la muerte al contemplarte ve tu humanidad, tu fragilidad, pero te ofrece la oportunidad de que conozcas la serenidad. El miedo que te infunde la muerte sólo es momentáneo.

Al igual que hablas con cariño de los veranos que han pasado y que ya no volverán, que ahora dan calidez a una parte de tu alma, con tus buenas acciones ocurre lo mismo. Permanecen en el recuerdo de tu vida y en tu muerte. El camino para morir serenamente es llevar una vida buena y generosa».

Aquel hombre se quedó embelesado por las palabras de la Muerte y, mientras lanzaba un suspiro, asimilando su importancia, la Muerte prosiguió diciendo: «Al morir no te apegues a tus bienes ni a las personas que amas. Lo más importante es que te preocupes por desarrollar al máximo tu alma. En ese momento todo lo demás se convierte en un obstáculo que te produce un gran miedo y frustración. Lo más difícil no es evitar la muerte, sino evitar morir torpemente. La muerte es una pausa para que tu alma pueda coger aire antes de iniciar el gran viaje que le espera».

En ese instante aquel hombre experimentó la mayor paz que jamás había sentido y la muerte se lo llevó. Una profunda serenidad flotó en el aire.

Los tibetanos de la antigüedad creían que al morir les harían dos preguntas y que sus respuestas decidirían si podían seguir su viaje al mundo de los espíritus. La primera pregunta era: «¿Has aportado dicha a los demás?» Y la segunda: «¿Has alcanzado la dicha?» No habían respuestas incorrectas. Sólo aprendizaje.

Meditación sobre la muerte

Siéntate en quietud y acompasa tu respiración, permitiendo que tu cuerpo esté cómodo. Mientras tanto, imagina que has muerto y que estás rodeado de todas las personas que quieres de verdad. Contempla cómo tu cuerpo se descompone y se convierte en polvo, pero en el interior de ese polvo brilla una palpitante clara luz. Imagina que las personas que amas y que se encuentran a tu alrededor también mueren y se convierten en polvo, y que su polvo irradia la misma clara luz. De pronto, todas las claras luces se funden en una sola luz. Todo cuanto existe es serenidad y una poderosa dulzura.

Practica esta meditación al despertar durante diez minutos. Al terminarla, da las gracias por cada día de tu vida.

EL MORIR

La muerte en realidad es una liberación, es el morir lo que cuesta, ya que es un proceso, al igual que la vida, y este proceso no siempre es fácil o claro.

En esta parte del capítulo analizaré las actitudes y los miedos habituales en la vida que nos impiden experimentar la belleza de morir y lo que la muerte tiene para enseñarnos cada día y al final de nuestra existencia. Morir es una expresión de la vida, pero de una vida que has olvidado para poder experimentar el mundo material. Los siguientes cinco pasos te ayudarán a comprender la naturaleza del morir. Como leerlos en voz alta es una forma de meditación, siéntate tranquilamente y lee cada uno de ellos en voz alta, con serenidad y claridad. Quizá tu mente racional no los entienda, pero si eres paciente descubrirás que van cobrando sentido para ti.

Los cinco pasos para comprender la naturaleza del morir

PRIMER PASO

Un ser humano forma parte de un todo, y el todo se llama el «universo». Cada ser humano es una dimensión limitada en el tiempo y el espacio. Creemos que tanto nosotros como nuestros pensamientos y sentimientos están separados de todo lo demás, pero esta idea no es más que un espejismo, un juego de sombras que el miedo crea en nosotros para contener a nuestra conciencia. Esta ilusión nos mantiene cautivos, limita nuestros deseos personales y el afecto que sentimos por las personas cercanas. Nuestra tarea debe ser liberarnos de este cautiverio ampliando el radio de nuestra compasión para incluir en él a todos los seres vivos y a la naturaleza en toda su belleza. Una persona empieza a vivir plenamente cuando puede vivir liberado de este cautiverio personal. Este primer paso es la primera parte de comprender cómo la experiencia de la muerte y del morir te lleva al conocimiento de ti mismo.

SEGUNDO PASO

La sabiduría inherente a la vida va más allá de las deidades personales y no tiene nada que ver con las doctrinas ni con la teología. Incluye tanto lo natural como lo espiritual y se basa en la experiencia que surge al comprender que todas las cosas son una unidad importante. El siguiente y esencial paso es entonces preguntarte: ¿en qué creo?, ¿qué miedo primitivo se oculta en mis creencias?

TERCER PASO

Todos tenemos la responsabilidad de liberarnos de nuestros miedos y de encontrar la libertad interior. Para conseguirlo, debemos tener imaginación, ya que el conocimiento es limitado, pero la imaginación en cambio abarca el mundo. Puedes usar tu imaginación para reconocer el más gran todo del cual formamos parte. Al morir tu imaginación se libera del miedo y le permites experimentar sin traba alguna tus más elevados estados de conciencia que la muerte y el morir nos ofrecen a todos.

CUARTO PASO

La vida es como cruzar un río por una pasadera. Para mantener el equilibrio debes cruzarla sin detenerte. La muerte consiste en no caerte, en cambiar la forma de utilizar tu energía. El morir no es una pérdida de control, sino simplemente un cambio de ritmo.

QUINTO PASO

La distinción entre el pasado, el presente y el futuro no es más que una tenaz ilusión. Y la muerte también lo es, al igual que el tiempo, según afirma la física. Sólo una vida vivida en beneficio de los demás aporta una verdadera comprensión al proceso del morir.

Las tres confusiones más comunes

En la vida de todos hay tres causas comunes de confusión que generan el miedo a la vida, a la muerte y al morir. Son las siguientes:

1. La preocupación.
2. La ira.
3. La desesperanza.

Detente un momento para considerar cómo cada una de estas tres confusiones influyen en tu vida. Lo más probable es que una de ellas sea el tema principal que se repita a lo largo de tu vida. ¿Te preocupas por todo? ¿Te enojas fácilmente? ¿O quizá te desesperas? Sea cual sea de las tres, ten en cuenta que todas surgen del miedo. Son unos miedos tan sutiles y omnipresentes que alteran y reorganizan la vida que llevas y la que llevarás. Y el hecho de que esté presente el miedo a morir, significa que una de estas tres confusiones lo ha creado.

LA PREOCUPACIÓN

Cuando la preocupación es lo que más influye en tu vida, es porque te sientes atrapado, encadenado a miedos que no puedes comprender. Siempre encontrarás algo por lo que preocuparte, ya que intentas ser perfecto, pero te preocupa no llegar a serlo nunca. Y, por supuesto, tienes razón, porque la preocupación nunca puede alcanzar la perfección, sólo provocar más preocupación. El miedo que la produce surge de tu desesperada necesidad de hacer que el mundo que te rodea sea seguro. Para vencer este miedo, debes concentrarte en los momentos de tu vida en los que mientras afrontabas grandes dificultades tuviste una inesperada buena suerte que te permitió salir de aquella situación sano y salvo.

LA IRA

La ira en sí es la que provoca los enfados. Cuanta más ira sientas, más enojado estarás y más controlará el miedo tus emociones. La ira busca un significado a todo, quiere conocer el cómo y el porqué de cada cosa. No se contenta sólo con existir. Fomenta los cambios, los movimientos y la indagación para no observarse a sí misma y descubrir sus propios defectos. Si crees que la ira es la fuerza que te motiva en la vida, en ese caso, para vencer este miedo, necesitas experimentar la naturaleza del perdón. Perdonarte por sentir ira y saber que el amor enriquece todas las experiencias de tu vida es el camino que te sanará.

LA DESESPERANZA

Ésta es la emoción que más cerca nos lleva del estado de sentirnos muertos. Cuando perdemos las esperanzas, nos sentimos insensibilizados y embotados. La desesperanza no ve más allá de su sufrimiento porque sólo es consciente de sí misma. Es un torpe estado de ensimismamiento, una forma de sufrimiento que se aferra a cualquier clase de fuerza vital o de vitalidad para saber que está sufriendo. Si ves el mundo desde la perspectiva de la desesperanza, para poder transformar este miedo necesitas aprender la habilidad y la sabiduría de vivir cada día y fijarte en los aspectos positivos de los demás. Al hacerlo recobrarás la sensación de ser tú mismo.

Según las enseñanzas bön tibetanas sobre el morir, las tres confusiones más comunes hacen que el proceso de la muerte sea una experiencia aterradora e infeliz que desequilibra seriamente las fuerzas mentales que sobreviven a la muerte del cuerpo. Cada una de ellas pueden dominarte, haciendo que vuelvas a renacer enseguida, arrebatándote la oportunidad de presenciar directamente lo divino y de vencer tus poderosos miedos.

Meditación sobre el morir

Utiliza la siguiente meditación sobre el morir para afrontar tu preocupación, desesperanza o ira, y el miedo a la muerte que ha generado.

Cierra los ojos. Visualiza una hoja fresca y reluciente que cuelga de un árbol. La hoja se desprende ahora lentamente del árbol. Mientras va cayendo, su forma empieza a cambiar, pierde su vitalidad, se marchita y el cuerpo de la hoja se seca y se vuelve quebradizo. Al tocar el suelo se funde con las otras hojas. Ahora, al levantar la vista y contemplar el árbol, descubres asombrado que de él cuelga el espíritu de la hoja, tiene una forma que no es exactamente como la material, pero es luminosa, viva y reluciente. A través de la hoja ves que la muerte es la pérdida del cuerpo y, al mismo tiempo, la realización de su contenido, de su naturaleza más íntima. Al llegar a este punto da las gracias por la existencia de la muerte y abre los ojos.

La vida, la muerte y el morir están inextricablemente unidos. La serenidad es su punto en común, el miedo es lo que nos hace que no los aceptemos. Si te tomas el tiempo necesario para releer este capítulo, siguiéndolo paso a paso, tu sabiduría interior y tu comprensión sobre este tema despertarán y te empezarán a enseñar directamente. La muerte y el morir no existen, sólo existen la vida y el vivir.

Meditación para reconfortar a los moribundos

Esta meditación puedes leérsela en voz alta a alguien que esté a punto de morir. Si no te encuentras a su lado, también puedes leerla solo, dedicándosela a la persona que se está muriendo. Cuando lo hagas, dirige simplemente la energía de la meditación hacia el moribundo.

También puede servir de ayuda a los que han perdido a un ser querido.

Siente tu cuerpo, es como un velo que deja pasar la luz que brilla tras él. Siente tu respiración, es como un velo que deja pasar la luz que brilla tras ella. Inhala y exhala lentamente. Deja que la luz de tu cuerpo y la que hay detrás de tu respiración se conviertan en una única luz clara. Mientras las dos luces se funden, tu cuerpo y tu mente se sienten anegados de paz y de claridad mental. La quietud y el bienestar se encuentran en todas partes, dentro y fuera de ti. Mantente en este sereno y silencioso estado. La luz clara se dirige a ti. Todo tu miedo desaparece y avanzas hacia elecciones, experiencias y bendiciones nuevas.

Marina había temido la muerte durante toda su vida y al final de sus días, a los sesenta años, cuando estaba a punto de morir, ese miedo la seguía acosando. Le di la meditación para reconfortar a los moribundos, y mientras ella la leía una y otra vez, sus miedos fueron desapareciendo. Pocos días antes de morir se convirtió en una persona distinta. Su familia advirtió que era más feliz, alegre, divertida y optimista. Marina había llevado una vida muy seria, trabajando como jueza. Y, sin embargo, en sus últimos días la alegría, la serenidad y el conocimiento de sí misma fueron los regalos que hizo a su familia y sus amigos.

Ha llegado el momento de desprenderte de todo

La muerte no es tu última experiencia, ni tampoco el fin. No es más que un proceso a través del cual vuelves a conocer quién eres y quién puedes ser en realidad. La parte más dura de la experiencia de morir es desprenderte del miedo que te produce. Cuando la muerte nos da miedo, en el fondo lo que tememos son las oportunidades de cambiar y de conocernos que nos ofrece. Si te estás muriendo, o si te da miedo la muerte, recuerda que ésta forma parte natural de la vida. Si eres valiente y aceptas la experiencia que la muerte te trae, el miedo que te produce desaparecerá.

Una de las mayores oportunidades que te ofrece la muerte es la de hacer las paces con tu pasado. Todos podemos superarlo al morir. Si en tu vida has hecho cosas de las que te avergüenzas —¿y quién no tiene algo de lo que avergonzarse?—, es entonces cuando tienes la oportunidad de arreglarlo. Lo primero que debes hacer es perdonarte a ti mismo. Si puedes conectar con la persona con la que crees haberte portado mal y pedirle perdón, hazlo. Y si no puedes conectar con ella, pídele simplemente que te perdone en voz alta, sentirás cómo te llega su perdón. El movimiento natural de la conciencia es hacia la serenidad, el equilibrio y el orden, y el perdón también forma parte de él. Percibe el amor que habita en todo. Intenta ser como él. Ten en cuenta que aquellas cosas de las que te avergüenzas son lecciones que tenías que aprender. Ahora que las has aprendido, despréndete de ellas y concéntrate en la bondad de tu corazón.

Cody trabajaba en el mundo empresarial, era la clase de hombre con un gran futuro que siempre se salía con la suya. Cuando le diagnosticaron un cáncer de páncreas y se enteró de que no le quedaba mucho tiempo, le vinieron de pronto a la cabeza todas las cosas negativas que había hecho en su vida. Cody se sintió profundamente avergonzado y horrorizado al ver lo mal que se había portado, sabiendo que había mentido, engañado y manipulado a los demás para conseguir sus objetivos. La infelicidad que le producía este descubrimiento le impedía morir serenamente.

Después de mantener una charla con Cody, decidió pedir perdón a las personas de las que se había aprovechado. En uno o dos casos pudo contactar directamente con ellas. Pero en la mayoría no fue así. Entonces visualizó en su mente a cada una de las personas con las que no había podido conectar y les pidió perdón. Al hacerlo, pudo perdonarse a sí mismo y aprender las lecciones vitales que tenía pendientes, llevándoselas con él.

Cody murió en paz y dignamente tras haber descubierto el manantial de bondad que había en su interior. Había aprendido que la vida puede ser buena, plena, segura e inocente. Su miedo había desaparecido y murió feliz y sereno.

9

El éxito y el fracaso

Las ideas que tenemos sobre el éxito y el fracaso son sumamente importantes en la sociedad actual. Nos juzgamos a nosotros mismos y a los demás según nuestras ideas sobre lo que constituye el éxito o el fracaso. Cuando decidimos que alguien ha triunfado, lo aplaudimos y lo envidiamos. Y cuando condenamos a una persona viéndola como una fracasada, la evitamos y nos inspira lástima. Sin embargo, nuestras ideas sobre el éxito y el fracaso son sumamente limitadas y están inextricablemente ligadas a la pobreza y a la prosperidad.

Un hombre o una mujer que ganan grandes sumas de dinero, poseen muchos bienes y gozan de poder sobre los demás son considerados como personas que han triunfado, al margen de si se sienten felices y realizadas, de si son conscientes de sí mismas y bondadosas con los demás. Una persona que se siente satisfecha, que está en paz consigo misma, que es generosa y consciente del aspecto espiritual, puede ser vista sin embargo como un fracasado si es pobre o tiene pocos bienes.

¿Cómo hemos podido crear ideas tan distorsionadas? La respuesta es a causa del miedo. Esta emoción es la que nos hace creer que, por más cosas que tengamos, nunca es suficiente. La que nos motiva a perseguir el dinero y a creer que nos dará la felicidad y que si ganamos más nos sentiremos satisfechos. Esta clase de mitos han surgido durante los siglos recientes y ahora predominan en la mayoría de las sociedades del mundo. Sólo tenemos que mirar a nuestro alrededor para ver que muchas personas acomodadas son infelices. Y, sin embargo, seguimos deseando ser tan ricos como ellas, creyendo que a nosotros esto no nos ocurrirá, que nos contentaremos con nuestra suerte.

Cuando limitamos nuestra visión de este modo, ignoramos aquello que es bueno y valioso. Nos olvidamos de la alegría que nos producen las relaciones que mantenemos con los demás, una conducta significativa, el ser generosos y el desarrollar una sólida vida interior.

Por desgracia, se nos anima, sobre todo en la sociedad occidental, a considerar el éxito y el fracaso en esas limitadas formas. Además, los periódicos, la televisión, las canciones populares y los anuncios no cesan de reforzar los mitos sobre el éxito y el fracaso. Las personas que ganan mucho dinero son etiquetadas de «triunfadoras» automáticamente, por muy gris y ansiosa que sea la expresión de sus rostros. En cambio, otras, que al no ser ambiciosas ni codiciosas no encajan con las normas de la sociedad, son etiquetadas de «extrañas», «fracasadas», «inadaptadas» y «marginadas». En última instancia, el miedo al éxito y al fracaso ha adquirido un poder sin precedentes para producir desdicha, angustia y dolor.

En este capítulo cuestionaré muchos de los mitos que existen sobre el éxito y el fracaso y examinaré el valor del fracaso y el verdadero significado del éxito. También analizaré los vínculos entre el fracaso y el éxito, y entre la prosperidad y la pobreza, y el papel que desempeña el dinero en nuestra vida. Al comprender el papel que el miedo tiene en tu idea del éxito y el fracaso, podrás evaluar las elecciones que has hecho y hacer otras nuevas sobre la dirección que deseas que siga tu vida.

EL LEGADO DEL MIEDO

En el mundo el miedo está ahora en auge, incluso con más fuerza aún que en el pasado, por el enorme crecimiento económico experimentado a partir de la Segunda Guerra Mundial y la asociación que se ha creado entre la riqueza, la moralidad y el bienestar emocional. Las presiones espirituales y psicológicas a las que la sociedad se ve sometida de forma global e individual a través de este proceso están generando un creciente miedo a medida que nos sentimos menos conectados a quienes realmente somos. La situación de progresivo crecimiento ha incrementado el miedo con gran rapidez. Y cuanto más aumenta el miedo, más relacionamos el dinero y la riqueza con el valor interior y la propia valía, lo cual nos ha acabado conduciendo a una limitadora y totalmente falsa idea de lo que es el éxito y el fracaso.

En los últimos 350 años ha sido cuando, tanto en Occidente como en cada vez más países del mundo, el éxito y el fracaso se han ido vinculando directamente al dinero de este modo. Antes, las ideas del éxito y el fracaso eran mucho más amplias e incluían otras clases de logros que no se limitaban a ganar dinero. Pero a medida que las conexiones con él han ido aumentando, en el mundo ha ido creciendo el miedo con relación al dinero. Y como esta situación ha ido continuando, la visión en blanco y negro del éxito y el fracaso nos está influyendo moralmente de manera negativa cada vez más.

A causa de la endémica actitud acerca de que el dinero equivale al éxito, la mayoría de la gente intenta ganar el máximo posible. Aceptan trabajos que no les gustan, trabajan muchas horas y aguantan que sus jefes les traten mal para ganar el máximo dinero posible. Por eso tanta gente en la escalera del «éxito» se vuelve adicta al terrible aspecto del éxito y el fracaso: les aterra fracasar y se aferran de forma peligrosa al éxito que han alcanzado. Y al final su miedo les hace enfermar literalmente. El estrés que causa vivir en un estado de constante miedo produce enfermedades, crisis e infelicidad.

Entre los mitos creados se encuentran los que dicen que cualquiera puede —y debería— triunfar y ser rico, que nadie debe ser pobre, que en la vida no hay nada predestinado y que todo el mundo tiene la oportunidad de ser un ganador.

El resultado es que muchas personas, mientras se esfuerzan por demostrar su valía al mundo, envidian a los que triunfan, menosprecian a los que «fracasan» y se avergüenzan de sí mismas.

LA PROPIA VALÍA

El camino para alcanzar un verdadero éxito y curar el miedo al fracaso es conocer tu propia valía.

Un falso éxito puede estafar a tu alma. En cambio, tu valía interior la libera. La valía interior conoce tus miedos y los utiliza a diario transformándolos en una energía productiva y útil, y en conocimiento.

El éxito, sea de la clase que sea, tiene una vida muy corta, no existe tal cosa como un éxito duradero o permanente. Si en lugar de valorar el éxito alcanzado intentásemos triunfar más en la vida, sólo conseguiríamos acrecentar el miedo que sentimos y tener más fracasos. El fracaso se presenta ante ti haciéndote detener en seco para que te conozcas a fondo, éste es su mayor valor. Tus fracasos te permiten descubrir tu propia valía. A medida que la sensación de propia valía se vuelva más fuerte, descubrirás que te enfrentas mejor a los fracasos, que nunca te dejas derrotar por ellos, y que atraes el éxito y la buena suerte.

Meditación para descubrir y fortalecer tu propia valía

Tu propia valía es aquello con lo que has nacido. Es tu bondad, aptitudes, compasión y autodominio esenciales, además de la facultad de amar a todo el mundo espiritualmente, porque reconoces tanto la valía de los demás como la tuya.

Esta meditación es muy sencilla y te ayudará a descubrir de nuevo tu propia valía.

Siéntate en quietud y cierra los ojos. Sintoniza con las emociones y la energía de los demás. Percibe todo cuanto ellos sienten. No juzgues ni te impliques en lo que sientes, percibes o experimentas. Sé simplemente un observador, y mientras lo haces siente cómo surge en ti una compasión imparcial y transmítela luego a los demás.

Haz esta meditación a diario al menos durante veinte minutos, tan a menudo como desees. El mejor momento para practicarla es por la mañana, al despertar, antes de comer y de beber.

Cuando activas tu valía interior, los demás se relacionan contigo con más facilidad y tú te sientes más realizado, porque significa que te estás volviendo más humano, que estás descubriendo la libertad y la serenidad. Los obstáculos no te parecerán tan amedrentadores y te sentirás más feliz contigo mismo. También puede que descubras que deseas cambiar tu estilo de vida para acomodarte a tu recién encontrada propia valía. Trátala como si fuera un tesoro sagrado. No la malgastes ni dejes que nadie la destruya. Las personas que no reconocen o respetan su propia valía quizás intenten menospreciar la tuya, pero no permitas que lo hagan.

LAS VENTAJAS DEL ÉXITO Y EL FRACASO

A pesar de los mitos perpetuados por la sociedad, que podemos cuestionarnos una vez comprendemos que no son más que mitos, los éxitos y los fracasos de nuestra vida tienen muchas cosas que enseñarnos.

El éxito y el fracaso pueden revelarte la serenidad cuando comprendes el lugar que ocupas en la vida. Esta experiencia sucede en los momentos tranquilos en los que alcanzas el éxito y te sientes realizado, o cuando un fracaso te enseña a aceptar la vida tal como es.

Son infinitas las oportunidades que tienes para triunfar y fracasar, y éstas se encuentran en el estado radiante y espacioso en el que entras cuando miras en tu interior y descubres que eres el creador y el destructor del impulso de tu propia vida.

EL VERDADERO ÉXITO

El éxito son los beneficios que recibirás cuando seas capaz de ser simplemente tú mismo, sin adornos ni artificios, en el campo de actividad que hayas elegido. Si haces cualquier actividad, tanto remunerada como no remunerada, con entusiasmo, atención y placer, triunfarás en ella. El triunfo duradero procede de la experiencia de expresar todo aquello que eres y que puedes ser.

Si tu éxito no se basa en tus propias habilidades e integridad, si por fuera parece positivo pero tu yo interior siente que no es verdadero ni bueno, es que no es éxito sino una situación falsa creada por el miedo.

El secreto del éxito es aceptar incondicionalmente la vida y lo que te trae cada día. Si puedes aceptar cualquier cosa que te ocurra, tanto buena como mala, fácil o difícil, con la misma actitud serena y positiva, en ese caso triunfarás. Si tu corazón permanece abierto, sabrás que por más difíciles que sean las circunstancias, siguen ofreciéndote oportunidades para crecer, aprender y triunfar.

Las oportunidades suelen aparecer disfrazadas para poner a prueba tu determinación y capacidad de adaptación.

El verdadero éxito radica en descubrir una labor en la vida que esté en consonancia con quien tú eres y en estar dispuesto a superar los obstáculos y perseverar en ella sea cual sea el reto.

Triunfar en cualquier actividad humana requiere preparación e instrucción, autodominio y esfuerzo. Si tú ya tienes estos requisitos, tendrás en el acto las oportunidades para vencer tu miedo al éxito y el pesimismo que crea.

Sin embargo, ten cuidado con la búsqueda de la perfección. Desear hacer algo tan bien como sea posible puede ser una actitud admirable, pero insistir en alcanzar la perfección acaba siendo destructivo. La búsqueda de la perfección se convierte en un proceso lleno de miedo que te consume, y cuando la perfección y el éxito se mezclan, producen sufrimiento, ya que la posibilidad de alcanzar la perfección material es una ilusión perpetuada por el miedo.

No intentes nunca alcanzar el éxito. El verdadero éxito surge como una consecuencia cuando intentas vivir de una forma consciente, compasiva y afectuosa. En todas tus actividades deja que sea la bondad la que guíe tu intención. A la gente superficial le encanta el éxito siempre que encaje en la limitada clasificación de lo que el éxito debería ser. Pero el verdadero éxito está más allá de las etiquetas, porque es tan personal como cada hombre, mujer y niño de este pequeño planeta.

Para cada uno de nosotros el éxito puede ser muchas cosas, pero el éxito que todos podemos esperar alcanzar es la capacidad de pasar de un fracaso a otro sin dejar de querernos a nosotros mismos. Si logras hacerlo, el camino hacia el éxito se convierte en un camino espiritual por derecho propio, en uno que todos los seres humanos debemos recorrer en nuestra vida al realizar el viaje del autoconocimiento.

No aceptes nunca la ilusión de que el éxito es la realización de todos tus sueños, porque no es así. El éxito consiste en realidad en saber soñar y descubrir al mismo tiempo la serenidad que te permite afrontar cualquier cosa que la vida te depare, sin perder tu belleza interior.

EL VALOR DEL FRACASO

Muchas personas se rinden antes de alcanzar lo que se habían propuesto. Pierden la fe y no creen poder conseguirlo. Por eso muchos de los que están convencidos de haber fracasado no saben lo cerca que estaban de triunfar cuando decidieron rendirse. Y fracasar en algo que has estado a punto de conseguir es una dura pérdida. Muchas personas se doblegan ante los «Si hubiera...» de la vida y luego se sienten culpables, arrepentidas, resentidas o amargadas.

Y, sin embargo, el fracaso no tiene por qué deprimirte, pues en realidad es una experiencia que consolida la vida, porque al intentar triunfar, cada vez que detectas algo inadecuado o falso buscas con más cuidado aquello que es adecuado y real.

Cada vez que titubeas, cometes un error o fracasas, aprendes algo nuevo. Cada callejón sin salida indica una nueva dirección, cada error te muestra qué es lo que debes evitar en el futuro. Aquello que llamamos «fracaso» no es una caída, sino un no levantarse. Si crees que la derrota es tu destino, entonces fracasarás.

Pero si tratas cada fracaso como un eslabón del camino que lleva al éxito, triunfarás. El fracaso te hace creer que te has visto obligado a bajar la escalera del éxito hasta el peldaño más bajo. Con demasiada frecuencia creemos que el propio fracaso refleja nuestra valía interior. La sombra del fracaso es la sensación de inferioridad que puede producirte. Aunque el éxito sea una energía optimista, puede disminuir ante el rostro del fracaso si se lo permites. El fracaso no es más que una expresión de sufrimiento, en cambio el éxito es un gran rayo de luz que crea cosas positivas. Cuando fracasas, quien fracasa en realidad es aquella parte de ti que prefiere la ignorancia al conocimiento. Cuando triunfas, es porque te niegas a dejar que el fracaso sea todo cuanto tú eres y sigues adelante con optimismo y valor.

¿Por qué fracasamos?

¿Porque tenemos mala suerte?

¿Porque no nos hemos esforzado lo suficiente?

¿Porque no hemos invocado la santidad en nuestro interior?

¿Porque no somos lo bastante buenos, inteligentes o dotados?

¿Porque es nuestro destino?

Nos inventamos todas estas razones, y muchas más, para explicar nuestros fracasos. Pero ninguna de ellas es cierta.

La sabiduría interior de nuestro más sagrado yo nos lega la sabiduría de la pérdida y el fracaso para que nuestra conciencia se fortalezca.

¿Por qué triunfamos?

¿Porque somos afortunados?

¿Porque nos hemos esforzado mucho?

¿Porque las fuerzas de la naturaleza se han portado bien con nosotros o porque tenemos una conexión especial con aquello positivo en lo que creemos?

¿Por nuestro talento, inteligencia o bondad?

¿Porque es nuestro destino?

No, no es por ninguna de estas cosas que triunfamos.

Triunfamos porque nuestra sabiduría interior atrae el éxito en nuestra vida: el éxito para educarnos, apoyarnos y hacernos más fuertes.

El fracaso fortalece tu conciencia si aprendes de él y cura el miedo que te hace proclive a fracasar. El éxito te educa y apoya y te hace más fuerte sólo si lo valoras, lo respetas y lo compartes con los demás. El éxito puede convertirse en un fracaso si no compartes la energía positiva que hay en él, que es tu sabiduría interior.

LA OBSERVACIÓN DE LA PROPIA MENTE

Cuando alcanzamos la serenidad, aceptamos que tanto el fracaso como el éxito forman parte de la vida. Nuestros fracasos no nos doblegan y nuestros éxitos no nos engañan. Sabemos que ambas cosas llegarán y se irán muchas veces, entretejiendo el diseño de nuestra vida. La serenidad nos eleva por encima del éxito y el fracaso, para que los afrontemos con amor. Cuando nuestra vida interior es rica y plena, dependemos menos de los éxitos y de los fracasos exteriores. Ya no nos definen, controlan ni dictan nuestro camino. Una de las formas más poderosas de desarrollar tu serenidad interior es practicando lo que los antiguos maestros bön tibetanos llaman «la observación de la propia mente». Los practicantes bön sabían que el amor y el odio, al igual que el éxito y el fracaso, no son más que las dos caras de una misma moneda. Observar tu propia mente es una forma de elevarte por encima de la tormenta de las emociones, de los extremos a los que el amor y el odio, o el éxito y el fracaso, pueden llevarte: la desesperación, la nostalgia, el rechazo, el sufrimiento y la infelicidad.

Las sociedades, las naciones y las razas han compartido la consciencia o la inconsciencia. Al observar tu mente, tu energía espiritual crece, y este crecimiento espiritual se convierte en un brillante ejemplo.

La práctica de observar la propia mente

La observación de tu mente te enseña a ver cómo tus pensamientos reaccionan a todo cuanto experimentas. No consiste en observar tu yo más profundo, sino la mente cotidiana y la forma en que sus reacciones crean miedo en ti.

Puedes practicarlo en cualquier momento, ya que es simplemente intentar observar cómo reaccionas al mundo que te rodea, a las personas y a las situaciones. Es el estudio de tus propias reacciones. Te limitas a examinar lo reactivo que eres. Observa qué es lo que provoca tus emociones, opiniones y hábitos.

Si deseas desarrollar esta clase de práctica, hazla a diario con la mayor regularidad posible, durante doce días. Reflexiona después sobre tus observaciones a lo largo de tres días y vuélvela luego a hacer durante doce días más. Repite este ciclo al menos seis veces al año. Te ayudará a ver cómo actúa tu conciencia en la vida cotidiana.

Danny era tan reactivo y agresivo que sus amigos y sus seres queridos empezaron a evitarlo. De pronto, podía defenderse o atacar a otra persona por unas observaciones o comentarios que a ésta le pa-

recían de lo más inofensivos. Las personas que lo conocían acabaron dejando de tratarlo o siendo sumamente cuidadosas cuando estaban con él.

Danny sabía que sus reacciones le venían de la infancia. Sus padres le habían estado criticando constantemente y el resultado era que de adulto se había vuelto muy crítico y siempre estaba a la defensiva. Aunque sabía que se comportaba de este modo, no podía evitar hacerlo.

Cuando Danny vino a verme estaba desesperado. Su novia le había dicho que si no cambiaba lo dejaría. Le enseñé cómo hacer la práctica de observarse a sí mismo y le expliqué que al observar de una forma objetiva su conducta y sus reacciones aprendería muchas cosas y empezaría a ver que podía elegir reaccionar de otro modo.

Danny empezó con entusiasmo a hacer esta práctica y al cabo de un tiempo advirtió las pautas de su conducta reactiva que impedían que los demás pudieran comunicarse con él. Después de verlas, fue capaz de controlar sus reacciones y elegir responder de distinta forma.

Sin embargo, tardó un tiempo en conseguirlo, porque cambiar de conducta no es fácil. Pero estaba decidido a hacerlo y el hecho de ver que provocaba reacciones cálidas en los demás también le daba ánimos. Su novia quedó encantada al percatarse de que Danny se había convertido en una persona más dulce y abierta, y la relación que mantenían se volvió más satisfactoria para ambos.

LA ACTITUD

Tu actitud ante la vida y ante el éxito y el fracaso es de vital importancia.

Una actitud mental positiva y alentadora creará más milagros que cualquier droga milagrosa. Al cambiar la actitud interior de tu mente, puedes cambiar los aspectos exteriores de tu vida con mucha más eficacia que si sólo te esforzaras en cambiar estos últimos.

El mayor descubrimiento de nuestro tiempo es que el ser humano puede alterar su vida al alterar su actitud mental. Y, sin embargo, esto no es un descubrimiento nuevo. La gente sabia, como los practicantes bön, siempre lo han sabido. Hace muchos años ya sabían, antes de que se escribiera el aluvión de libros de autoayuda que hay en la actualidad, que en el camino que lleva a la felicidad, una actitud mental positiva era más importante que cualquier otra cualidad. Todos nos topamos con dificultades y problemas, con confusión y obstáculos. Cuando los afrontamos obstinadamente y de manera desafiante, intentando eliminarlos poniendo en ello toda nuestra voluntad, no lo logramos. Sin embargo, cuando aprendemos a abordarlos con suavidad y compasión, sin apresurarnos ni intentar forzar la situación, aprendemos que con el paso del tiempo desaparecerán.

Una actitud mental fuerte y optimista es parte del ciclo de la causa y el efecto. Aquello que das a los demás determina aquello que recibirás. De modo que sé amable con todo el mundo, una buena compañía para muchos, conocido por pocos, pareja de una sola persona y enemigo de nadie. Una fuerte actitud mental reconoce que no hay nada en la vida que sea seguro, salvo que hemos nacido y que moriremos. La incertidumbre y la impermanencia forman parte de la trama de la vida. Estamos rodeados de cambios: en el tiempo, en las estaciones y en nuestra vida. Cuando aprendes a no temer los cambios y reconoces que son esenciales en tu vida, te vuelves fuerte, eres consciente de ti y puedes afrontar cualquier cosa que la vida te depare.

Una actitud mental positiva generará en ti el deseo de ser bondadoso con los demás. Y la bondad tiene un poder extraordinario tanto en tu propia vida como en la del mundo que te rodea. La bondad puede vencer el sufrimiento que produce el fracaso y la ceguera causada por un éxito terrible. Si compartes tu bondad con los demás y eres bueno contigo mismo y con los que te rodean, la oscuridad que reina en el mundo al creer en el miedo se convertirá en la luz de la serenidad.

LA POBREZA Y LA PROSPERIDAD

La pobreza y la prosperidad están íntimamente unidas al éxito y al fracaso ante los ojos de la sociedad moderna. La idea acerca de que si eres rico significa que has triunfado en la vida y que si eres pobre es porque has fracasado es muy poderosa. Tan poderosa que la mayoría estamos condicionados hasta el punto de identificarnos con aquello que poseemos y creer que los demás nos juzgarán basándose en ello.

Sin embargo, esta creencia es muy triste y limitadora, y debes abandonarla. El éxito o la riqueza no tienen nada de malo mientras puedas observarlos desde una cierta distancia y ver que son situaciones pasajeras en tu vida y que no tienen que ver con tu yo esencial.

Cuando la riqueza llegue a tu vida, da las gracias por ella, pero no la gastes toda. Guarda algún dinero y ofréceselo a quienes lo necesitan. Si conservas parte del que has recibido, siempre te sentirás próspero al saber que dispones de unos ahorros. Y si das un poco de tu dinero a los que lo necesitan, estarás creando la energía de la renovación.

La tierra nos provee con todo lo necesario para satisfacer nuestras necesidades personales, pero no nuestra codicia. Por eso es fundamental no explotar los recursos naturales de la

Tierra sólo para tener más cosas. Todos podemos ayudar a conservarla utilizando lo que tenemos con cuidado, y no desperdiciando nunca la comida, el agua u otros recursos valiosos.

Creer que deberíamos tener más cosas de las que tenemos es, en realidad, crear una especie de pobreza: la pobreza de los que no se contentan con lo que tienen. Constituye la pobreza de los tiempos modernos. Mucha gente no valora lo que tiene al intentar poseer más cosas. Las personas con esta clase de mentalidad nunca se sienten satisfechas, por más cosas que tengan nada les parece lo bastante bueno, caro o grande. Los hogares, los coches y la ropa se convierten en símbolos de buena posición económica por los que es necesario competir en lugar de mostrarnos reconocidos y agradecidos por tener cubiertas las necesidades de la vida.

Contentarnos con menos de lo que podemos tener es el gran reto de los tiempos modernos. En épocas pasadas esto sólo era posible para algunos pocos. Pero en la actualidad hay mucha gente que se enfrenta a este dilema.

El espacio que hay entre lo que tenemos y lo que creemos que deberíamos tener no es un problema económico, sino ético, un problema creado por el miedo. Sólo el miedo nos empuja a no valorar lo que tenemos y a desear más cosas.

El miedo endémico que despierta la pobreza entre los grupos sociales cultos es la peor enfermedad espiritual de la civilización moderna. Cuando una persona rica la contrae, es a menudo una persona pobre con dinero.

Para sentirte satisfecho con lo que tienes, lo más sencillo es decir «gracias» en voz alta cada día, por todo lo que posees. Cuanto más lo digas, más satisfecho te sentirás.

LOS LOGROS

Si tienes la capacidad y la destreza necesarias para alcanzar algo y la fuerza de voluntad para terminar las tareas que has empezado, en ese caso te encuentras en el camino que conduce a los logros. En la vida lo más importante es decidir qué es lo que vale o no la pena alcanzar. Para conseguirlo debes saber qué es lo que realmente te importa y cuáles son tus esperanzas y sueños, y también tus retos.

Muchos de los mayores logros de la vida no son materiales. Para algunos el mayor logro es escalar la cima de una montaña; para otros, superar alguna clase de adversidad o de enfermedad. Y para otros es desarrollarse espiritualmente, acabar una carrera o mantener una relación de pareja armoniosa. Todos éstos, y muchos más, son los maravillosos logros de la vida.

Valora siempre tus propios logros y aplaude los de los demás compartiendo su sensación de triunfo y de orgullo. Recuerda que al intentar alcanzar algo que te importe de veras te volverás competitivo. Pero la competitividad debería ser la consecuencia de un trabajo productivo y no una meta en sí. Una persona creativa está motivada por el deseo de alcanzar lo que se propone y no por el de ganar a los demás. Ya que, si estás motivado por el deseo de ganar a los demás, lo único que obtendrás será el miedo, y esta emoción te hará perder tu serenidad interior.

Si al intentar alcanzar tu mayor logro superas los límites de lo que crees que eres capaz de hacer y sacas la suficiente fuerza de carácter de tu interior, descubrirás una fuerza de voluntad y un valor que ignorabas poseer.

Todos los verdaderos logros se consiguen con amor. Un logro sin amor está vacío y atrae al miedo. El amor es la chispa que enciende el verdadero logro, y el logro es a la vez el fuego que nace de la chispa del amor.

En la tradición bön hay siete pasos que deben darse para alcanzar un logro verdadero. Si los sigues, te llevarán a la meta que te has fijado.

Los siete pasos para alcanzar un logro

1. Aprende a tomar las decisiones sin miedo, para poder progresar sin ningún problema.

2. Elige empresas —tanto laborales como personales— que te gusten y que saquen lo mejor que hay en ti.

3. Aprovecha las oportunidades con una mente clara y serena.

4. Aprende a vivir sintiéndote totalmente cómodo con tu mayor nivel de fuerza interior.

5. Sé consciente de que en ti hay energías mentales y espirituales latentes que sólo se activarán cuando sea necesario.

6. Desea superar tus propios límites.

7. Ten en cuenta que para tener grandes éxitos habrás de experimentar grandes fracasos.

Considera atentamente cada uno de estos siete pasos. ¿En cuáles necesitas concentrarte más?

Cuanto más sereno estés y menos miedo tengas, más fácil te resultará seguirlos y alcanzar las metas que te has fijado.

Ejercicio de meditación

Antes de acostarte, concéntrate en los latidos de tu corazón y serena tu mente para que esté clara. Imagina ahora aquello que deseas alcanzar y considera las posibilidades que tienes de lograrlo en el futuro. Imagina que todas tus ideas sobre los problemas, las preocupaciones y el miedo desaparecen y que son reemplazadas por el valor, la audacia y el buen humor. Concéntrate ahora en cualquiera de los siete pasos para alcanzar un logro, en el que te parezca más inalcanzable, e imagina que lo realizas y que lo conviertes en una parte de quien eres.

EL PAPEL DEL DINERO

Preocuparse sólo por ganar dinero es el primer paso para que el miedo se apodere de ti. La felicidad no se encuentra en el dinero, sino en la alegría que te produce un logro y en el estimulante esfuerzo creativo que realizas para alcanzarlo.

En el mundo actual el dinero se sobrevalora. No dejes nunca que te domine. Una persona perspicaz debe tener la energía y las reglas del dinero en la cabeza y no en el corazón.

En realidad, ninguno de nosotros poseemos el dinero que pasa por nuestra vida, por eso nuestra obligación es utilizarlo de una forma creativa y responsable.

Mucha gente cree que el dinero es lo mismo que el éxito, pero no es así. El dinero es una fuerza neutral que simplemente responde a tu voluntad. Todos necesitamos dinero para vivir, pero no para ser esclavos de él o desearlo en exceso. Ni tampoco necesitamos vivir con miedo a perderlo o a no tener el suficiente.

Un hombre o una mujer triunfan cuando durante todo el día, desde que se levantan hasta que se acuestan, hacen aquello que desean hacer y se sienten en paz con el papel que el dinero desempeña en su vida.

Si la energía emocional que hay detrás del dinero no afecta ni influye a tus estados de ánimo ni a tu estabilidad, es que tu actitud en relación con el dinero es sana.

Sólo existe una experiencia verdadera del éxito: poder vivir a tu manera sabiendo, sin dudarlo un solo instante, que estás viviendo de acuerdo con tu verdad interior. Y que gastas tu dinero, por mucho que tengas, en cosas positivas.

Invocación para comprender el dinero: la joya preciosa

Esta invocación te enseña a comprender con más profundidad la prosperidad, los logros y el dinero y, al mismo tiempo, te da la fuerza interior necesaria para superar los obstáculos materiales. Es muy sencilla y sumamente eficaz.

Para obtener los mejores resultados posibles repítela a diario a la misma hora durante trece días. Hazlo por la mañana, tan temprano como te sea posible, porque es más eficaz al amanecer. Es una invocación muy sencilla y todo cuanto necesitas hacer es repetir las palabras que encontrarás más abajo y, al terminar, dar trece palmadas con energía y lentitud para asegurar la fuerza que has creado. En la tradición bön se considera que el número trece trae mucha suerte y en estas antiguas enseñanzas también es el número de la abundancia material.

Ofrezco mi respeto y rindo homenaje
a todo cuanto existe en la vida,
pues ha surgido

de una gran abundancia y
regresará a ella.
Ofrezco mi firme mente
para que la primera luz del alba
la bendiga y purifique,
ya que sus brillantes rayos
lo purifican y renuevan todo.

La luz del sol del nuevo día fluye a través de mí,
como un fuego de oro, plata y toda clase de objetos preciosos,
¡su luz destruye mis problemas económicos! Tráeme ahora
y a lo largo del día, tesoros, riqueza, dinero
y sabiduría para saber usarlos.
Pues en la esencia de los seres vivos está la preciosa joya de la vida,
infinita, constante, abundante, pura,
la creación de la vida está siempre presente.

La luminosa prosperidad
llega a mi ser
con los primeros rayos del alba,
el gran calor del sol
disipa en mí la pobreza y nunca más vuelve,
que lleve yo los logros de todo cuanto es positivo,
del alma, el cuerpo y la mente cotidiana,
al hogar y al corazón de todos los que entren en contacto conmigo
para que puedan compartir mi buena suerte.

El dinero me llega
y no se separa de mí durante el resto de mis días...
El valor me inspira, dándome claridad interior,
previsión, paciencia y frugalidad.

Mi corazón se aquieta,
sereno en la humildad,
ante toda la abundancia
que hay en todo cuanto existe.

UN ESTADO DE SERENIDAD

Intenta sentir en todas tus actividades la constante corriente de serenidad que apoya los ciclos materiales de este frágil mundo. Detente, aquieta tu mente y escucha la belleza que canta silenciosamente en todas las actividades materiales. Al hacerlo, da las gracias por todo y a todo cuanto existe.

Sé consciente de que toda la prosperidad te llega a través de tus pensamientos y acciones si manifiestas la serenidad que hay en ti. Cuantas más personas prósperas haya en el mundo en este sentido, mayor será la prosperidad de todos.

Finaliza cada día en el mayor estado de serenidad posible y despídete luego de la jornada. Déjala tras de ti mientras te preparas para ir a acostarte. A medida que el sol se va poniendo, deja que el día que acabas de vivir y todo cuanto has hecho en él se disipe en la noche. Conserva sólo el espíritu de lo que has creado durante el día y deja que se funda con tu alma, para que al levantarte por la mañana tu mente esté impregnada de la dinámica fuerza de tu propia creatividad.

Nuestras vidas son impulsos pasajeros de la energía mental y física, y si aprendemos a unirlas, no seremos objeto nunca del fracaso o el éxito, del miedo o de la ausencia de miedo, sino que estaremos en contacto con la serenidad y con un infinito y continuo amor.

Dorian había estado luchando toda su vida con el éxito y el fracaso, con la pobreza y la prosperidad. Ganó un montón de dinero, pero después lo perdió todo y tuvo que empezar de nuevo. Lo mismo le ocurría con sus relaciones, reputación, seguridad y bienestar. Los ganaba, los perdía y después tenía que volver a empezar.

Dorian enfermó debido a la montaña rusa en la que se había convertido su vida. Estaba cansado de intentar ponerse a prueba, apegándose a lo que creía que era el éxito y perdiéndolo luego de nuevo. Quería gozar de estabilidad y constancia, pero lo que más deseaba era simplemente sentirse satisfecho.

Estaba preparado para hacer cambios en su vida, pero no sabía exactamente qué tenía que hacer. Le sugerí que practicara la meditación para descubrir y fortalecer su propia valía y la invocación de la joya preciosa, y que creara un estilo de vida más tranquilo y menos frenético y movido.

Con este programa Dorian empezó a hacer pequeños cambios. Redujo las horas de trabajo, hizo más ejercicio y durmió y meditó con regularidad. Esto le llevó a reflexionar en lo que realmente sentía sobre el éxito y el fracaso. Comprendió que todas sus elecciones y decisiones estaban motivadas por el miedo al fracaso, y como su sensación de valía interior era muy baja, se veía incapaz de conservar cualquier éxito que alcanzaba.

A medida que aumentaba su sensación de valía interior, sus valores cambiaron. Al final alcanzó la vida segura que tanto deseaba, manteniendo una cálida relación sentimental y gozando de un modesto hogar, un sueldo que le bastaba y un trabajo satisfactorio con gente joven.

10

La serenidad en la vida cotidiana

La serenidad es sencilla: consiste en estar satisfecho con todo y en disfrutar de las pequeñas cosas que nos ofrece la vida, sabiendo que tanto lo importante como lo nimio son el mismo latir esencial de la conciencia. Eso es la serenidad en acción, la silenciosa expresión de la vida, ser consciente del paso de tu existencia, gozar del gran misterio y descubrir que, aunque al final no haya ningún misterio, la experiencia de la serenidad es tanto reverencial como misteriosa.

Es el lugar dentro de ti donde siempre crece la belleza, incontenible y eterna. De ella surgen grandes bendiciones interiores. Al entregarte a la serenidad, es cuando más humano te vuelves.

La serenidad no es un estado mental, sino más bien un estado del ser. No depende del conocimiento, sino de sentirte a gusto con el corazón, la mente y el cuerpo y con todas sus interacciones.

Eres una persona rica que tiene todo cuanto necesita cuando gozas de paz interior sin alardear de ello. Es entonces cuando descubres la experiencia de no hacer nada y al mismo tiempo de estar haciéndolo todo. Al no hacer nada, puedes crear los momentos más memorables de tu vida.

La serenidad que producen las pequeñas cosas de la vida es más importante que la impersonal serenidad universal, porque al experimentar la primera sabes y comprendes que a lo largo del transcurso del tiempo y de la evolución, ambos fugaces e impermanentes, la serenidad está presente en todo cuanto existe.

LA SERENIDAD EN EL MUNDO

Durante los próximos años nuestro mundo cambiará de muchas formas. Gran parte de los recursos naturales se están agotando y se producirán cambios en la estructura física del planeta y en la mayoría de las sociedades de la Tierra. Estamos presenciando el inicio del paso de una era industrial y económica a los primeros impulsos de una era compasiva en la cual las empresas, los gobiernos y las personas están avanzando poco a poco hacia un responsable desarrollo personal.

Será el siglo en el que las estructuras de la desigualdad se revelarán tanto en cada persona como en el mundo entero. El siglo en el que el amor se convertirá en una necesidad, en el lenguaje de la supervivencia. El miedo que durante tanto tiempo nos ha atenazado evolucionará en amor. Y cuantas más personas se basen en la serenidad, con mayor rapidez ocurrirá.

La acción de la autocuración, que tiene lugar cuando aprendemos a estar serenos, es esencial para transformar el miedo personal y el del mundo. Este nuevo siglo acabará siendo más armonioso y menos perjudicial gracias a las lecciones que el mundo ha empezado a aprender.

La compasión, la semilla de la paz, podrá florecer. Hemos de estar llenos de esperanza. Pero al mismo tiempo todos somos responsables de animar a nuestra familia global a que tome la dirección correcta.

Las palabras agradables y las esperanzas no bastan por sí solas, debemos hacernos responsables de lo que está ocurriendo a nuestro alrededor viviendo nuestra vida lo mejor posible y haciendo pequeñas acciones cada día para inclinar el fiel de la balanza. El impulso de estas pequeñas acciones acabará creando unos cambios humanos inmensos surgidos del ingenio y el despertar espiritual del ser humano.

Las acciones que debemos realizar son tanto internas como externas. Tenemos que amar nuestro entorno y cuidar de él, y hacer también lo mismo con los demás y con nosotros mismos.

Todos podemos ayudar e inspirar profundamente a los demás cultivando la serenidad, teniendo el valor de curar el miedo que hay en nuestro interior, y confiando en la fuerza dinámica de nuestra inspiración altruista al servicio de los demás. Las personas pueden cambiar la sociedad, y de hecho lo hacen, en cuanto van más allá de sus miedos. En la historia de la humanidad raras veces ha habido tiempos de cambios tan grandes como los que ahora estamos viviendo. De nosotros depende el emplear nuestro tiempo lo más hábilmente posible, ayudando a crear un mundo más feliz donde el miedo ya no toque su fatídico tambor y la serenidad sea el lenguaje del corazón de todos.

ENCUENTRA TU CAMINO

No te limites a recorrer a ciegas el camino que ahora sigues. Detente para examinar con prudencia y amor adónde te lleva y adónde te han conducido las elecciones que has hecho en la vida.

Si eres valiente y te inspira un amor interior, empieza allí donde no hay ningún camino, crea el tuyo propio y deja una pista para que los demás puedan encontrar también el suyo. No necesitan seguir tus mismos pasos, pero pueden caminar junto a ellos llenos de ánimo.

Al crear tu propio camino en la vida, manifiestas tu propia enseñanza interior y esto te conduce a la serenidad.

Aunque sigas una creencia religiosa, espiritual o filosófica, debes crear tu propio camino basándote en la serenidad e intentar eliminar cualquier desigualdad que descubras en ese sistema de creencias.

Vivimos más que nunca en tiempos de cambios. El nuevo siglo que hemos empezado es el de la responsabilidad individual y el de hacerse uno mismo el camino. Mientras cada persona sigue su propio camino, hay quienes sucumben al miedo y otros en cambio luchan contra él. Sin embargo, en el último caso suelen hacerlo con la energía del miedo y no con la del amor. Afrontar los problemas de la vida movido por el miedo sólo crea más miedo en tu vida. En cambio, si puedes llegar a amar a tu miedo, entonces se transformará en un poderoso y a veces ferviente amor que te ayudará a superar todos los obstáculos, porque cuando llevas el amor a tu vida dispones de más amor en cada momento. La energía del amor es la serenidad y te enriquece.

LA MEDITACIÓN

La mejor herramienta de que dispones para transformar el miedo en amor y serenidad es la meditación.

A lo largo de este libro he ofrecido muchas meditaciones distintas y breves para determinados propósitos y espero que algunas de ellas te hayan sido útiles y valiosas. Pero ahora me gustaría recomendarte la práctica de una meditación diaria porque en mi opinión es la que más enriquece la vida en el ajetreado río de nuestra existencia.

La meditación no tiene un objetivo determinado, pero aporta una enorme cantidad de beneficios. Básicamente trata sobre el ser. Meditar no es lo mismo que jugar al golf, al ajedrez, o tocar el violín. No es algo que hagas para mejorar alguno de tus aspectos o para añadir a tu lista de cosas por hacer, sino que es el acto de reservarte con regularidad un espacio de tiempo para gozar de una existencia pura y sencilla. Pero si la practicas como algo que has de aprender o perfeccionar, en ese caso no estarás meditando. Por eso la meditación es una aliada tan poderosa en la curación del miedo. El miedo cree que siempre debes tener un propósito. En cambio la meditación no tiene propósito alguno, ni una «forma correcta» de realizarse, ni una noción del tiempo.

En la meditación no es importante una forma más rápida de aprender, porque en ella siempre te concentras en el presente. Y aunque mientras tanto vayas madurando, es una maduración que se parece a la de las plantas. Éste es el impulso esencial de la meditación.

Cuando practicas la meditación, simplemente te dedicas a observar lo que está ocurriendo, sea lo que sea. Y al hacerlo, el miedo desaparece.

Cuando escuchas atentamente una pieza musical, sigues los sonidos y acabas comprendiendo la música. Aunque no puedas explicarla con palabras, porque la música carece de ellas, después de haberla estado escuchando un rato captas el mensaje que transmite y este mensaje es la música en sí misma.

Al igual que ocurre con la música, mientras meditas puedes escuchar tus experiencias, porque todas ellas son pautas de luz, sonido, forma y conciencia que surgen de tu interior. Tú eres esas pautas y si percibes lo que está ocurriendo, eres consciente tanto de ti como de todo lo demás.

La vista, las emociones, el tacto, el olfato, el sabor, la memoria, el oído... todos estos elementos se unen y funden en uno, todos los sentidos se vuelven completos y tú te conviertes en una pauta de la conciencia creándose a sí misma, en una imagen de lo que eres y puedes ser. Esto está ocurriendo siempre, tanto si eres consciente o no de ello, porque es la vida fluyendo a través de ti, la vida que carece de miedo y que surge de la serenidad.

En lugar de preguntarte qué es lo que debes hacer, lo experimentas, porque ¿quién sabe lo que debes hacer? Para saberlo, tendrías que conocerlo todo, y como no es así, la única forma de empezar a actuar es observando.

Observa no sólo lo que ocurre fuera, sino también dentro de ti. Trata los pensamientos, las reacciones y las emociones que tengas sobre lo que está ocurriendo en el mundo exterior como si estas reacciones interiores fueran también fenómenos exteriores.

Tal vez opines que te resulta difícil, que observar lo que ocurre cuesta mucho más que estar ocupado y que quizás incluso te aburre. Pero si deseas experimentar la meditación y las bendiciones que te aporta, entonces, tanto si lo encuentras difícil como si no, debes empezar a meditar.

Siéntate en quietud y observa lo que está ocurriendo: los sonidos del exterior, todas las distintas formas y luces que ves ante ti, las sensaciones que surgen en tu cuerpo, así como los pensamientos, los recuerdos, los remordimientos, las esperanzas, los miedos y las necesidades que sientes. Mientras los observas, no te apegues a ellos, ni los juzgues ni analices, advierte sólo las sensaciones y deja que desaparezcan.

LA PLENA CONCIENCIA

La plena conciencia es una de las cualidades que vas adquiriendo a lo largo de la vida, tanto si eres consciente de ello como si no. El cultivo de la compasión y la serenidad, y la práctica regular de la meditación desarrollarán esta cualidad en ti con más eficacia que cualquier otro método.

A medida que a través de la meditación te vas abriendo a toda la gama de experiencias que ocurren en tu conciencia, eres consciente de lo que percibes a cada momento. Y como resultado ya no niegas ciertos sentimientos ni te apegas a otros. Al llegar a conocer tu propio sufrimiento, tiendes un puente que te conecta con el sufrimiento y las experiencias de los demás. Lo cual te permite salir de tu estado de ensimismamiento, procedente del miedo, y ofrecer ayuda a otras personas. Cuando entiendes qué es lo que sienten los demás al sufrir, deseas de manera natural llevar una vida que no perjudique a nadie ni a cualquier clase de vida. Llevas una existencia que fomenta la vida en lugar de dañarla.

Con la compasión y la serenidad propias de tu plena conciencia actuando a modo de puente con quienes te rodean, surge una verdadera bondad en tu interior. Al saber que alguien sufrirá si actúas de manera perjudicial o dices una palabra cruel, te conduces de este modo menos a menudo. Es una respuesta muy sencilla, natural y sincera. En lugar de considerar la bondad como una serie de reglas, la sientes como el profundo deseo de no querer hacer sufrir a nadie. La bondad es la celebración del amor materializada en la vida diaria.

Cuando tu mente se impregna de la sensación que produce el sufrimiento y sientes el compasivo e irreprimible deseo de no causar más sufrimiento a ningún ser, dejas de manera natural de causarlo. En las enseñanzas bön se utiliza una imagen para reflejar esta cualidad de la mente: un mechón de pelo sostenido cerca de una llama, que se riza en el acto alejándose del calor. Esta reacción ocurre sin que te des cuenta y sin una actitud de superioridad moral, es una expresión natural de tu corazón. Ya que en el momento que lo descubres ves que tu conciencia te recibe con los brazos abiertos como si por fin hubieras vuelto a casa, el lugar donde realmente debes estar.

Las dos cualidades de la concienciación

Hay dos cualidades que tradicionalmente se atribuyen a esta bella y delicada concienciación que genera el deseo de no hacer daño a ningún ser: en la tradición bön tibetana se describe como una «vergüenza honorable» y un «miedo honorable». Estas cualidades no tienen nada que ver con el miedo o la vergüenza procedentes de la inseguridad, sino que son el deseo natural y absoluto de no querer hacer daño a ningún ser. La vergüenza honorable nace de una sensación de inquietud al pensar en la posibilidad de hacer daño a los demás o a uno mismo. El miedo honorable procede del deseo de no querer hacer daño a los demás porque sabes la sensación que produce. Abrirte a tu propio sufrimiento es, por tanto, el primer paso para conectar profundamente con el de los demás. Te abres a ese dolor no para deprimirte ni sentirte fatal, sino por lo que tiene para ofrecerte. Cuando reúnes el valor y la fuerza interior suficiente como para no hacer daño ni perjudicar a nadie, estás comprendiendo que tú, al igual que cualquier otro ser humano, no estás solo y que nunca puedes estarlo.

A veces puede darte miedo abrirte a algo doloroso porque es como si esa sensación te consumiera. Pero la plena conciencia nunca puede ser invadida por el objeto que observa. Si eres consciente de estar experimentando un estado mental agitado y atemorizado, la plena conciencia que hay en ti no se agita ni asusta. Incluso el estado emocional o mental más desagradable, o un dolor físico extremo, no pueden interrumpir ni alterar ese consciente estado.

En nuestra cultura nos enseñan a rechazar nuestros propios sentimientos, a evitarlos. Esta clase de aversión es la acción de una mente atrapada en la separación. Tanto si es una forma activa y exaltada de ira y rabia, como una forma más interior y paralizadora como la del miedo, la función principal de estos estados mentales es separarte de lo que estás experimentando. Pero el único modo de liberarte del sufrimiento y de evitar hacer daño a los demás es conectando con tu propio sufrimiento y, al ser consciente y compasivo, conectar con el sufrimiento de los demás. Aprendes a no crear ninguna separación entre nada ni nadie. La plena conciencia, la compasión y la serenidad consisten en esto.

LAS DIECIOCHO VIRTUDES

A veces la mente, el corazón y la energía de uno pueden parecerse al agua turbia, pero si ésta se deja reposar y aquietar, se acaba aclarando. Al crear esta claridad en ti, que es la serenidad, experimentarás lo que en la tradición bön se llama las «dieciocho virtudes». Cada una y todas ellas te aportarán serenidad en la vida cotidiana a medida que vayan apareciendo de manera natural en tu vida. No tendrás que hacer que se manifiesten, de hecho quizá ya tengas algunas de ellas. En cuanto surjan en ti, descubrirás que te permiten expresar la serenidad directamente en el mundo material. Lee la descripción de cada una de ellas en voz alta, dedicando todo el tiempo que necesites para considerarlas a fondo.

1. EQUILIBRIO

El equilibrio surge por sí solo cuando empiezas a aplicar una disciplina benigna a tus palabras, pensamientos y acciones. Esto te enseña a la vez cómo todas las distintas partes de tu vida, cuerpo y mente están conectadas y perfectamente equilibradas.

2. UNA SENSACIÓN DE PROPÓSITO

Cuando gozas de equilibrio, adquieres una sensación de propósito. Sabes qué es lo que has venido a hacer al mundo, por qué motivo y cómo vas a llevarlo a la práctica. A partir de ese momento creas una realidad material dirigida que está también llena de espontaneidad.

3. UNA AUSENCIA DE VANIDAD

No eres vanidoso en nada de lo que piensas, dices o haces. Estás en armonía con los ciclos naturales. Eres como las estaciones y no tienes ninguna necesidad de imponer tu voluntad sobre nada. Eres tú mismo en la forma más divina que puedes serlo.

4. NATURALIDAD

Eres natural en todas tus necesidades. La salud y el bienestar son tus atavíos, y además tienes muy pocas necesidades y, sin embargo, sabes utilizar la energía de todos los aspectos de la experiencia humana sin ningún prejuicio.

5. SIN ESFUERZO

Todo te llega sin esfuerzo, ya que conoces la naturaleza de los logros y sabes que se basa en aceptar tus facultades con seguridad.

6. VERACIDAD

Experimentas en todo la verdad y eres la misma verdad, la verdad de la oscuridad y la luz. Las personas despiertan a su verdad interior a través de la fuerza y la convicción de su propia verdad. Sabes que no puedes refugiarte en la verdad, pero que es un camino que te conduce a la comprensión.

7. ELEGANCIA

Tanto tu mente, como tu cuerpo, carácter y acciones son elegantes. No elegantes en el sentido físico, sino espiritual. Todo actúa en concordancia con tus pensamientos.

8. ESTABILIDAD

Eres una persona estable, fuerte e imperturbable. Los que te rodean saben cuando están a tu lado que pueden hacer una pausa para recuperar el aliento, para reflexionar, porque estos aspectos forman parte de tu estabilidad.

9. UN BUEN CARÁCTER

Sigues tu propia llamada interior para conocerte, al margen de lo que el mundo pueda pensar, vas más allá de las ilusiones mundanas y, sin embargo, sabes cómo usarlas. Reflejas el carácter de los demás. Tu carácter irradia bondad y justicia.

10. REALIZACIÓN

Conoces tu propia realización interior, sabes por qué la has alcanzado y la vives como una perfecta expresión de tu ser. Eres todo un ejemplo para los demás de manera natural, sin necesidad de hablar de ello.

11. MODESTIA

Eres modesto por naturaleza y expresas la pureza en todo cuanto haces. Tu modestia se basa en una verdadera inocencia que en el fondo no es más que una gran sabiduría.

12. PERSEVERANCIA

No te rindes, porque antes de actuar estás seguro de lo que debes hacer.

13. ALEGRÍA

Todo lo haces con alegría, y en medio de la luz de tu alegría natural los demás también se sienten alegres.

14. GENTILEZA

Eres bondadoso, flexible y tolerante, pero nunca te dejas pisotear. Estás enamorado de la vida y todo el mundo puede ver la pasión que sientes por ella y lo intensa que es esta larga aventura sentimental. Los demás se sienten en calma cuanto tú estás presente.

15. GENEROSIDAD DE ESPÍRITU

Eres realmente generoso porque el mundo natural es así. Eres generoso con lo que tú tienes, aunque nadie puede abusar de tu generosidad, y siempre es correspondida.

16. TOLERANCIA

Eres tolerante con todo cuanto existe y con todos. A través de esta cualidad tuya los demás también aprenden a ser tolerantes y presencian el poder de la compasión.

17. LA BUENA VOLUNTAD

Experimentas la infinita buena voluntad de los demás y tú también les transmites la tuya. Es la base de toda la comunicación. Estás siempre bendecido por la buena voluntad, ya que tu buena voluntad bendice el alma de los otros.

18. SIMPLICIDAD

No necesitas entregarte a los excesos ni a la superficialidad. Sea cual sea la estación en la que se encuentre tu vida, vives con simplicidad, creas simplicidad y conoces con claridad el significado de tu vida. Tus pensamientos y acciones no están llenos de complicaciones ni de enredos emocionales. La vida es sencilla para ti.

Cada una de estas dieciocho virtudes están presentes en ti como un potencial viviente, y a medida que las vayas despertando, se fundirán para crear una completa serenidad que no sólo te enriquecerá de forma espiritual, sino que además actuará como una herramienta que te permitirá amar y vivir más hábilmente.

EL SIGNIFICADO DE LA VIDA

Si no conoces el significado de la vida, no te preocupes, limítate a vivirla, porque es la forma de darle sentido. Conocer el sentido de la vida no es esencial para poder vivirla. Aprende a entrar en contacto con la serenidad que hay dentro de ti y ten presente que todo en esta vida tiene un propósito, aunque al principio se mantenga oculto. Si aún no lo conoces, lo encontrarás al entrar en contacto con tu serenidad, de ese modo descubrirás cuál es el tuyo. El propósito de la vida no reside en que una cosa tenga una función, sino un significado, un significado que te inspira a captar el impulso de la vida y a conservarlo en ti, consciente y despierto, para siempre.

Descubrirás, si estás dispuesto a hacerlo, que en tu interior no sólo se encuentran ya las preguntas sobre la vida, sino también las respuestas. Verás que estás rodeado de una profunda serenidad, que es la comprensión y la aceptación: en tu hogar, en tu lugar de trabajo, en el camino al trabajo, en la ducha, en el jardín e incluso en los conflictos o en las dificultades.

La serenidad vive como una fuerza vital en todo, en una flor, en una roca, hasta en los mismos átomos de los que se compone la materia. Reside en el tiempo, en el espacio y en todas las dimensiones.

La serenidad habita en aquellas personas que amas y en aquellas a las que odias. En presencia de la serenidad tu alma encuentra el camino hacia una luz más clara y todo cuanto parece difícil de alcanzar o engañoso se convierte en una claridad luminosa de una inmensa dulzura.

La vida es fugaz y a veces entraña una búsqueda dificultosa del sentido de la existencia, de la serenidad y la comprensión. Intenta descubrir tus sueños con serenidad. Vive la vida que has tenido el valor de soñar.

Y sé consciente de que al buscarle el sentido a la vida, a medida que vayas simplificando tu existencia, las leyes del universo te influirán de una forma más simple, y eso hará que las comprendas con más facilidad.

La mayoría de personas somos subjetivas con nosotros mismos y objetivas con los demás. Por eso el reto es que seas serenamente objetivo contigo mismo y serenamente subjetivo con los demás. Aquel que se vale por sí solo en el mundo, que sólo se deja aconsejar por su propia conciencia, vive en un estado natural de serenidad.

Este aspecto de la serenidad te lleva a una experiencia más profunda de la vida, una experiencia que hace que tu mente se recoja y que resuelve tus miedos al mostrarte la conciencia que hay en ti. La vida se convierte en tu mejor amiga y por fin sabes, de una vez por todas, que la existencia no es un problema que debas solucionar, sino una realidad que debes experimentar. La vida tiene sus propias fuerzas ocultas y sólo las descubrirás viviéndola.

LA MORALIDAD Y LA BONDAD

Al experimentar y expresar la serenidad, haz que tu corazón sea bondadoso, pero no dejes que se vuelva moralizador ni rígido y que con ello te pierdas el fuego de la vida.

La bondad y la moralidad son dos cosas distintas. La moralidad sigue unas instrucciones y reglas rígidas, en cambio la bondad conoce la naturaleza y la justicia de todo y actúa en consecuencia. La bondad puede asustar a los que se han comprometido a seguir unos principios éticos, porque es una fuerza sumamente poderosa que arraiga en la serenidad y la mayor destructora del miedo. Si observas un código moral rígido sin que en tu corazón haya una bondad verdadera, te estarás engañando a ti mismo la mayor parte de tu vida.

Trasciende la doble moral del mundo y sigue el código interior de tu conciencia más elevada. No seas bueno porque sí, sino porque la serenidad llena tu vida de compasión.

No te apresures a hacer cambiar a los demás. Si deseas convencer a alguien para que cambie su vida y vea que sus pensamientos y acciones no son acertados, no intentes persuadirle, simplemente piensa y actúa correctamente. Ten en cuenta que los demás creen en aquello que perciben con su corazón, de ese modo creas serenidad en el mundo.

AVANZA AL SON DE LA MÚSICA DE TU CORAZÓN

Para vivir en un estado de paz interior, calma y aceptación, necesitas vivir con serenidad día tras día.

El amor y la serenidad van de la mano, eliminando y transformando los obstáculos, al margen de lo que sean o de quién sea. La única forma de comprender el amor es amando más aún. Al amar lo máximo que te sea posible, la serenidad que hay en ti aumentará. Al igual que el poder del amor lo cura todo, el poder de la serenidad lleva una perfecta y absoluta comprensión a tu vida y a la de los demás. Es una comprensión sin obstáculos. Al alcanzarla todo se vuelve completo y es completo.

Avanza al son de la música de tu corazón, que siempre puedes oír cuando estás sereno, por más lejano que te parezca. Recuerda que naciste sabiendo que eres el creador de tu propia dicha y que en ella encontrarás la bondad y sabrás que esta virtud es la única inversión que nunca falla.

Ten presente también que en esencia todo cuanto existe está en consonancia y armonía con la unidad y vinculado por una mutua confianza, al margen de cómo parezcan ser las cosas. Todo está en armonía.

En los tiempos de discordia y frustración, tu serenidad te mostrará cómo manifestar una armonía y confianza interior, para que las dificultades y la discordia cesen y la paz y la satisfacción reemplacen a la negatividad. Cuando conectas con tu propia serenidad, sabes cómo revelar y manifestar la armonía que hay en todo, incluso cuando los demás no pueden ver una salida.

En realidad, las cosas más sencillas de la vida son las que te harán más feliz. Y además son las que perduran. Constituyen las señales, los sólidos postes indicadores en los que puedes atar los hilos de la serenidad que tejes en tu corazón. Las cosas más sencillas de la vida te purifican. Si analizas cuáles son realmente, descubrirás que hay muy pocas. Quizá sean la amistad, una bella música, el sonido de la lluvia. Son tuyas y especiales para ti. Éstas son las experiencias humanas importantes en las que puedes basar tu serenidad para que crezca y se fortalezca. Cuando el mundo te parezca un lugar agotador y todas las personas te produzcan una sensación de agobio, busca esos postes indicadores de la serenidad para poder acceder al inagotable estado de quietud que hay en ti. Al conocer la serenidad, la vida se vuelve más sencilla.

La serenidad es el cuerpo del amor que da vida.

¿Tienes el valor para entregarte a ese cuerpo del amor y convertirte en el alma que palpita en la vida?

Ésta es la esencia de la serenidad.

Si desea recibir más información sobre Christopher Hansard
y sus obras, puede dirigirse a:

Stephen Stokes
General Manager
SWS@edenmedicalcentre.com

o

www.edenmedicalcentre.com
www.bonmedicine.com
www.bonmedicine.co.uk
www.christopherhansard.com